大学体育

主　编◎杨　宁　王毓红　高　峰
副主编◎孙　萌　杨茂祥　朱孟浩　张　伟

中国商业出版社

图书在版编目（CIP）数据

大学体育 / 杨宁，王毓红，高峰主编．—北京：中国商业出版社，2023.12

ISBN 978-7-5208-2783-6

Ⅰ．①大…　Ⅱ．①杨…　②王…　③高…　Ⅲ．①体育—高等学校—教材　Ⅳ．①G807.4

中国国家版本馆 CIP 数据核字（2023）第 238686 号

责任编辑：王　静

中国商业出版社出版发行

（www.zgsycb.com　100053　北京广安门内报国寺 1 号）

总编室：010—63180647　编辑室：010—83114579

发行部：010—83120835/8286

新华书店经销

唐山玺鸣印务有限公司印刷

*

787 毫米×1092 毫米　16 开　10.5 印张　230 千字

2023 年 12 月第 1 版　2023 年 12 月第 1 次印刷

定价：48.00 元

* * * *

（如有印装质量问题可更换）

前 言

现代社会在带给人们生活极大方便和舒适的同时，也带来了许多危及健康的不利因素。如工作过程的机械化、自动化、智能化，生活中的电器化、信息化，使人们大大减少了体力上的劳作，极易导致精神的紧张，持续的高效率工作使心理压力增大，人的机体和心理不断地出现失衡现象。再加上日益丰富的物质生活，导致营养过剩，如若不合理地加以调节，让体育锻炼适时、适量地介入其中，那么健康就会离我们越来越远，疾病的威胁则会越来越近。所以，选择一种健康的生活和学习方式，学会一种乃至几种体育锻炼的技能，懂得一些有关体育与健康的常识，对于准备迎接未来社会的激烈竞争、过一种充实而富有情趣的生活对当代大学生来说至关重要。

在长期的高校体育教学实践中，我们一直探寻站在有利于教与学的角度，以学生为本，编写一本指导性强，富有可读性、科学性的助学型体育教材，让学生在阅读和学练时，能感觉到有亲和力，目的明确，易于把握。于是，我们几位高校的一线教师经反复研讨，拟出了本教材框架，并合理地汲取了历史上同类教材的有益成分，同时又融入了符合新时代特征和适合当代大学生身心发育规律的新内容，编写了这本《大学体育》。其主旨就是要为在校大学生提供一本通俗易懂、易学易练的参考性读本，使学生通过上课和自学，能够厘清体育与健康的关系，掌握一定的运动技能，培养体育兴趣，激发积极参与体育锻炼的动机，树立正确的体育与健康观和竞争意识，养成良好的体育与生活习惯，并最终培养终身体育的能力和意识，为学生毕业走向社会打下坚实的体育基础。

本教材以非体育专业的大学生为本，力求写出一本有利于学生学与练的助学型教材。在编写过程中，突出了各项目有代表性的基本技术及学练方法，本着有所为有所不为的原则，有详有略，不平均使用力量。这样更有利于学生在有限的学习时间内突出重点地掌握技术，有助于学生学会一些简练而实用的体育技能，在实践中培养学生的体育意识、行为和习惯。

各类高校可能在某些方面会有些区别，但在安排体育课程时都要遵循以下原则。

（1）健身性与文化性相结合。紧扣课程的主要目标，把“健康第一”的指导思想作为确定课程内容的基本发展点，同时重视课程内容的体育文化含量。

（2）选择性与实效性相结合。学校应根据学生的特点以及地域、气候、场馆设施等不同情况确定课程内容。课程内容应力求丰富多彩，为学生提供较大的选择空间。要注意课程内容对促进学生健康发展的实效性，并注意与中学体育课程内容的衔接。

(3) 科学性与可接受性相结合。教学内容应与学科发展相适应，反映本学科的新进展、新成果。要以人为本，遵循大学生的身心发展规律和兴趣爱好，既要考虑主动适应学生个性发展的需要，也要考虑主动适应社会发展的需要，为学生所用，便于学生课外自学、自练。

(4) 民族性与世界性相结合。弘扬我国民族传统体育，汲取世界优秀体育文化，体现时代性、发展性、民族性和中国特色。

(5) 充分体现和执行教育部、国家体育总局制定的《学生体质健康标准(试行方案)》的内容和要求。

学生在学习本教材的时候，既可以结合教学计划和课程安排系统地加以学习，也可以根据自己的兴趣有重点地予以选择。对体育特别有兴趣的学生，要在对内容的理解和运用上下功夫。

体育中有欢愉，有乐趣，也有健康。我们希望每一位大学生都能养成良好的体育习惯，充分调动自己的主观能动性、创造性，追求健康的生活，力争使自己在迎接和接受社会严峻考验的奋斗之中，用体育为我们化解压力，带来欢乐，使之成为我们生活中不可或缺的组成部分，成为我们健康的保护神，与我们相伴终身。

在本书的编写过程中，我们参阅了大量国内外有关教材和相关资料，引用了部分资料，很多老师对本书的编写提出了宝贵修改意见，在此，对所有作者和有关人员一并表示衷心感谢！由于编写人员水平有限，书中不妥之处在所难免，恳请批评指正。

编者

2023年10月

目　录

第一章　高等学校体育概述

学习目标

★了解高等学校体育的地位，明确高等学校体育的目标；
★熟悉高等学校体育的组织工作；
★培养学生参与体育锻炼的兴趣。

第一节　高等学校体育的地位及其目标

一、高等学校体育的地位

体育在学校教育中的地位是在教育发展的长河中确立的。高校体育教育是以学生为主体，以教师为主导，以训练为主线，按照体育大纲进行有目的、有意识、有计划、有组织的教育活动。体育的目的在于增强学生体质，促进学生身心健康发展，让学生在学习技能的同时，掌握学习技能的方法，并使学生养成终身体育锻炼的良好习惯，而后者更为重要。

党和政府高度重视高等学校的体育工作，陆续颁布了一系列的政策法规，明确了高等学校体育工作的地位、目标、任务和基本要求。

体育强则中国强，国运兴则体育兴。党的二十大明确指出："广泛开展全民健身活动，加强青少年体育工作，促进群众体育和竞技体育全面发展，加快建设体育强国。"习近平总书记强调："要坚持健康第一的教育理念，加强学校体育工作，推动青少年文化学习和体育锻炼协调发展。"

高等学校体育担负着培养身心健康的高级人才、发展我国体育事业、丰富课余文化生活、建设社会主义精神文明的重任。它不仅是国民体育的组成部分，也是社会体育、竞技体育和终身体育的基础，更是发展我国体育事业的战略重点。因此，高等学校体育教育是我国高等教育的重要组成部分，也是我国社会主义建设中的一项重要事业。

（一）高等学校体育是培养身心健康全面发展人才的需要

高等学校担负着培养高级专门人才和发展科学技术文化的重大任务。高等学校应面向现代化，面向世界，面向未来，认真贯彻德、智、体全面发展的方针，使学生身心健康发展，把高校体育与培养合格人才的目标紧紧联系在一起，采取有力措施，全面完成高校体育的各项任务。

（二）高等学校体育是发展高校体育事业的需要

首先，学校教育是国民体育的基础，发展高校体育是学校教育的需要，也是我国体育事业发展的需要。新中国成立后，在党和政府的高度重视下，我国高校体育发生了深刻变化，并取得了长足的发展。我国大学生的体质和健康水平与世界上一些发达国家相比尚存在一些差距。针对我国青少年体质的调研发现，我国大学生中的常见病，如视力不良、神经衰弱症、心血管疾病等也占有相当的比例，有的已严重影响大学生的身心健康。因此，在加强中小学体育与健康、打好基础的同时，必须十分重视高校体育与健康，努力改善高校体育条件，进一步搞好高校体育工作，促使高校体育的各项任务全面完成，这是我国高校一项十分紧迫的任务。

其次，高等学校体育是培养我国体育后备人才、提高竞技水平的重要源泉。尤其是当代竞技体育的发展，要求进行科学化训练，以科学的训练方法提高运动员竞技能力。大学生在体能与智能上具有较强实用性和优势，有条件也有能力为我国竞技体育的发展做出贡献。《学校体育工作条例》规定："学校应当在体育课和课外活动的基础上，开展各种形式的课余体育训练，提高学生的运动技术水平。普通高等学校经教育部批准，可以开展培养优秀体育后备人才的训练。"

最后，大学生形成良好的体育习惯，掌握体育的知识与技能，提高运动能力，不仅是大学生自身完善和推动高校群众性体育活动的需要，也是大学生毕业走向社会后坚持终身体育训练，成为社会体育骨干的需要，有利于推动我国体育事业的发展。

（三）高等学校体育丰富大学生课余文化生活，推动校园文化建设

体育活动能够使大学校园充满活力和生机，在紧张的学习氛围中，调节大学生身心全面发展的需求，以其丰富多彩的运动内容和多种多样的组织形式来吸引广大学生参与，因此，高校体育不仅丰富了大学生课余文化生活，还促进了校园精神文明建设。

综上所述，体育在高等教育中具有至关重要的地位，高等学校体育关系到大学生身心健康的发展，关系到大学生的智能和整体素质的提高，关系到我国全民健身计划的实施和终身体育习惯的培养，更关系到我国社会主义物质文明和精神文明建设，因而高等学校体育是不容忽视的一项重要工作。

二、高等学校体育的目的和任务

根据我国社会主义事业对当代大学生身心发展的要求，我国高等学校体育的培养目的在于使学生了解和掌握体育与健康的基本知识；培养学生终身体育意识和体育能力；养成体育锻炼的良好习惯，增进身心健康；形成科学的体育生活方式和体育素养，使之成为国家和社会所需要的专门人才。

为达到高等学校体育教育的目的，应完成以下基本任务。

（1）掌握体育基本理论知识，学会掌握正确的运动技能和科学锻炼身体的方法，养成自觉锻炼的习惯，为终身体育意识奠定基础。

(2) 进一步促进学生身体的正常发育和机能的发展，全面提高身体素质。

(3) 在体育教学中培养学生良好的思想品质和道德修养。

(4) 成立高水平运动队，发掘大学生的体育才能，提高运动技术水平，适应大学生各项比赛和交往的需要。

第二节 实现高等学校体育目的的基本要求

我国高等学校体育教育在培养德、智、体、美等全面发展的社会主义现代化事业的建设者和接班人的工作中已做出了巨大的贡献。我国体育事业已进入了新的时期，为了全面完成高校体育教育的各项任务，实现高校体育教育的目的，应结合高校实际，不断深化体育教育改革，努力做到以下几点基本要求。

一、全面贯彻党的教育方针，摆正高校体育的位置

体育是党的教育方针的重要组成部分，必须给予足够的重视，摆正它应有的位置。必须转变观念，进一步端正办学思想，加强领导，保证全面贯彻党的教育方针，切实开展和做好高校体育与健康工作，促进大学生德、智、体、美等全面发展。

二、面向全体大学生，全面开展高校体育工作

为了实现高校体育的目的，高校要面向全体大学生，动员和组织大学生自觉参加体育课及各种体育活动，并建立相应的规章制度，保证其活动的开展。由于高校体育教育的复杂性，必须课内与课外相结合，普及与提高相结合，训练与竞赛相结合，开展多种多样的“阳光”体育活动，以保证大学生每天至少锻炼一小时。

三、加强科研建设，不断改革高校体育

高等学校必须坚持教学改革，在改革中发展和提高教学质量。要重视体育科学研究，充分利用高校自身的优势和条件，有目的、有计划、有组织地开展体育科学研究，不断探索我国高校体育与健康教育的规律，按照我国社会主义特色发展高校体育工作，使之为培养更多的专门人才服务。

四、加强教师队伍，不断提高教师素质

建设高质量的教师队伍，是全面推进素质教育的基本保证。教师要热爱党，热爱祖国，忠诚于党和人民的教育事业；要树立正确的教育观、质量观、人才观，增强实施素质教育的自觉性；要不断提高思想政治素质和业务素质，教书育人，为人师表，敬业爱生；要有宽广厚实的业务知识和终身学习的自觉性，掌握必要的现代教育技术手段；要

遵循教育规律，积极参与教学科研，在工作中勇于探索创新；要与学生平等相处，尊重学生人格，因材施教，保护学生的合法权益。

五、加强领导，实施科学管理

高校体育是高校教育的重要组成部分，必须健全领导机构，形成自下而上的管理系统。在校内，必须由主管体育工作的校长负责，体育部门积极参与，统一认识，才能做好高校体育工作。在具体管理工作中，要针对高校体育工作加强计划，从实际出发，建立高校体育的规章制度和评价体系，包括对大学生“阳光”体育运动、大学生体质健康标准测试、体育课堂评价和体育教师年度考核等规定。

第三节　高等学校体育的组织形式

一、体育课教学

高等学校体育课是高校体育教育的基本组织形式，它是教师按照教学大纲和教学任务执行有目的、有计划、有组织的教学过程。其指导思想是：从增强学生体质出发，将体育知识与科学锻炼身体有效地结合起来，树立终身体育意识，培养终身锻炼身体的能力。

体育课分理论课和实践课。理论课主要是向学生系统地传授体育基础知识和科学锻炼身体的方法，激发学生对体育的兴趣。而实践课则是实现体育教学的目的和任务，掌握基本运动技术和练习方法，增强学生体质。体育实践课一般分为准备部分、基本部分和结束部分。每部分的内容和组织安排等，因课程的目标、教学内容、学生情况以及条件（场地、器材、季节气候等）的差异而有所不同。

（一）准备部分

准备部分是迅速将学生集合起来，检查课堂常规，集中学生注意力，让学生明确课程的内容和要求，做好针对性的准备活动（徒手操或体育游戏），使身体各个器官系统进入工作状态，时间控制在 8～15 分钟。

（二）基本部分

基本部分是教学过程中的主要环节，也是衡量体育课教学目标完成与否的主要部分。进行基本部分的组织教学，应注意以下几点。

（1）要合理安排好主要教材的学习顺序。

（2）应根据课程的目标和教材的性质与学生的特点，有目的地安排一些必要的辅助练习、引导性练习或转移性练习，以及发展身体素质练习，以便学生更好地掌握课程的内容和提高身体训练水平。

（3）要合理安排好密度与运动负荷，注意练习与休息合理交替。练习的次数少、时间短、强度大，不利于体育技术、技能的掌握，而对发展身体，增强体质效果也不大。教师要善于根据课程的目标、教材性质、学生特点和场地器材设备等具体条件，采取切实可行的方法组织教学。

（4）基本部分可根据人数、场地器材条件以及教材的特点，采用全班的、分组的或个人的形式进行练习，贯彻区别对待的原则，一般可采用分组练习的方法。

基本部分内容主要是参考大纲规定教材内容以及身体素质练习，时间控制在65～75分钟。

（三）结束部分

结束部分的内容应选择一些逐步降低运动负荷的练习，一般采用全班共练的形式进行。在教学中，不能忽视结束部分。

结束部分可以选择一些放松性游戏，并简要进行课程的总结和布置课外练习作业等。结束部分时间控制在5～8分钟。

二、课外体育锻炼

课外体育锻炼包括早操、课外体育活动、课余运动训练和体育竞赛等。

（一）早操

早操是在早晨进行体育锻炼的一种形式，对促进学生身心健康发展，增强身体素质，养成良好的生活习惯都有一定的特殊作用。早操可以培养良好的养生习惯，增加氧的摄取量，可提高神经系统的兴奋性，提高机体各器官的工作能力。早操一般以有氧运动为主，运动负荷不宜过大，时间控制在30～40分钟。

（二）课外体育活动

课外体育活动是指在课堂教学之外，由学校组织指导，用以补充课堂教学，实现教育方针要求的一种教育活动，是根据受教育者的需要和教育教学的需要，在教育者的直接或间接指导下，以实现教育目的。可培养学生独立运用已掌握的运动技能进行身体锻炼，养成自觉锻炼的习惯。保证每天至少有1小时的课外体育活动时间。

（三）课余运动训练

课余运动训练是在课余时间对部分体育基础好、有一定体育运动天赋的学生进行系统的训练。大学课余运动训练一是作为竞技体育的组成部分，为我国竞技体育培养人才；二是学校群众性体育的组成部分，在开展学校群众体育活动中起骨干带头作用。运动队训练一般安排在早晨和下午课余时间，各高校应该将选项课和运动队训练结合起来，可安排基础班和提高班，让更多的学生参与进来，推动学校群众体育的广泛开展，促进运动技术水平的提高。训练时间控制在每周4次，每次90分钟。

（四）体育竞赛

体育竞赛是推动大学生群体性体育活动开展、丰富学生课余文化生活和提高课余运动训练的重要杠杆。大学体育竞赛主要分为校内竞赛和校外竞赛。校内竞赛可组织班级之间或院系之间的单项比赛、对抗赛和友谊赛等。每年学校应举行全校规模的田径运动会；校外竞赛有国家、省市级大学生之间的比赛，以推动学校体育活动的开展。

>>>知识视窗

每周进行至少3次，每次至少30分钟的有氧运动

适量运动不但有助于保持健康的体重，还能够降低患高血压、冠心病、2型糖尿病、结肠癌、乳腺癌和骨质疏松等慢性疾病的风险；还有助于调节心理平衡，有效消除压力，缓解抑郁和焦虑症状，改善睡眠。建议养成经常运动的习惯，动则有益，适度量力，贵在坚持。

建议成年人每天进行累计相当于步行6000步以上的身体活动，如果身体条件允许，最好进行30分钟中等强度的运动。

有氧运动定义：指人体在氧气充分供应的情况下进行的体育锻炼。即在运动过程中，人体吸入的氧气与需求相等，达到生理上的平衡状态。

常见的有氧运动项目：步行、快走、慢跑、竞走、滑冰、长距离游泳、骑自行车、打太极拳、跳健身舞、跳绳、做韵律操，球类运动如篮球、足球等。

有氧运动特点：有节奏、不中断，持续时间较长，又称耐力活动，不同于举重、赛跑、跳高、跳远、投掷等具有爆发性的非有氧运动。

第二章 田径运动

学习目标

★了解田径运动的理论知识；

★学习各种跑、跳、投掷的基本技术和练习方法。

第一节 田径运动概述

一、田径运动简介

公元前776年，在古希腊奥林匹克村举行了第一届古奥运会，从那时起，田径运动成为正式比赛项目之一。1894年，在法国巴黎成立了现代奥运会组织。1896年在希腊举行了第一届现代奥运会，在这届奥运会上田径的走、跑、跳跃、投掷等项目，被列为大会的主要项目。至今已举行的各届奥运会上，田径运动都是主要比赛项目之一。

田径运动包括：跳、投类有效成绩距离大者名次列前的田赛，跑、走、跨（含3000米障碍）类完成全程时间短者名次列前的径赛，以及由上述田、径两类各部分项目组成的全能项目和短跑团体接力项目。田径运动是比速度、比高度、比远度和比耐力的体能项目，或要求在很短的时间内表现出最大的速度和力量，或要求在很长的时间内表现出最大的耐力，最能体现奥林匹克“更快、更高、更强”的比赛。

二、田径运动的功能

（一）健身功能

随着现代社会经济、科学技术的迅速发展，人们生活水平的不断提高，锻炼身体、增强体质已成为广大人民群众的迫切要求。田径运动是增强人民体质的重要手段之一。经常从事田径运动，能促进机体的新陈代谢，改善与提高内脏器官的机能，全面发展人的身体素质。田径运动的项目较多，锻炼形式多样，场地、设备和器材比较简单，练习时不易受到性别、人数、时间和季节等条件的限制，便于广泛开展。

（二）竞技功能

田径运动是奥林匹克运动会的重要组成部分。田径运动项目是奥运会中金牌数量最多的项目，田径运动金牌的数量直接影响一个国家奥运会的整体成绩。随着奥运会的赛程向全世界转播，现在人们已把获得金牌数和一个国家与民族的政治、经济地位连在一起。它既能提高全民体质又能显示国民的体育实力，所以，政治、经济与体育强国都十分重视田径运动。一些弱小的国家为了以较小的付出来扩大国家的影响，也尽量把目标放在田径运动的个人夺冠上。世界各国优秀运动员参与的竞技田径运动是以追求达到人类体能、技能极限为目的，探求人类究竟能够跳多高，投多远，跑多快，并以他们高超的运动技艺吸引人们欣赏和观看，成为人们精神文化产物的一部分。

（三）基础功能

田径运动能全面地、有效地发展人的身体素质和运动技能，对其他各项运动技术的发展和成绩的提高都有很好的作用。因此，各项体育运动都把田径运动作为发展身体素质的训练手段。实践证明，许多优秀运动员，特别是球类运动员，都有较高的田径运动能力和素质水平。

（四）教育功能

通过田径运动教学、锻炼、训练和竞赛，能对学生和运动员进行爱国主义、集体主义等方面教育，并能培养竞争意识和勇敢顽强、吃苦耐劳的优良品质。

第二节　跑类项目

跑是由单脚支撑与腾空相交替、蹬与摆紧密配合、动作协调连贯的周期性运动。将运动员的身体作为一个整体，跑的一个周期要经历两次单脚支撑和两次腾空状态。就一侧腿动作而言，在一个周期内经历了支撑和摆动两个时期，这两个时期又可分为折叠前摆、下压准备着地、着地缓冲和后蹬四个阶段。当两腿同时处于摆动时期时，人体处于腾空状态。在一个周期中，运动员身体重心移动轨迹会产生上下波动，这是腾空与着地缓冲的必然结果。但在跑动时，应防止身体重心的左右晃动，注意跑的直线性。

跑的项目包括在跑道上进行的短距离跑、中距离跑、长距离跑、接力跑、跨栏跑、障碍跑和在公路上进行的马拉松。

一、短跑

短跑是指 400 米（包括 400 米）以下距离的跑，要求人们在较短的时间内，用最快的速度跑完规定的距离。由于它是在 1 分钟左右完成的项目，其供能特点是属于无氧供能，其中 100 米主要是无氧磷酸原供能，特点是时间短，恢复快；200 米、400 米主要是无氧乳酸供能。平常如果缺乏相应的锻炼，在小型运动会中进行以上项目时可以感受到嘴里有甜味和乳味，并有难受感觉。短跑是发展速度素质最有效的手段。短跑的整个过程是有机联系的统一体，各部分不是孤立存在，也不能把它们截然分开。为了便于有效地进行田径运动，有必要对田径短跑技术和有关常识进行了解。

(一) 学习步骤和练习方法

短跑的全程包括起跑、加速跑、途中跑和终点跑(图 2-1、图 2-2)。下面结合 100 米跑,简单介绍一下短跑的技术。其他短跑项目大体相同。

图 2-1

图 2-2

1. 起跑

起跑的任务是获得向前的冲力,使身体摆脱静止状态,为起跑后的加速跑创造有利的条件。田径规则规定,运动员在短跑比赛中必须采用蹲踞式起跑,必须使用起跑器。安装起跑器的目的是使两脚有牢固的支撑,形成良好的预备姿势,以使体能获得较快的起跑速度。比较常见的前起跑器与起跑线以及后起跑器间距离均为 1.5 个脚掌长度。

短跑的起跑过程包括"各就位"、"预备"和鸣枪(或"跑")三个环节。

"各就位"时,运动员轻快地走到起跑器前,两手撑地,两脚依次踏在前、后起跑器的抵足板上,后膝跪地,两手收回紧靠起跑线后沿并撑地面,两臂伸直,两手间距离比肩稍宽,手指成拱形做弹性支撑,头与躯干保持在一条直线上。身体重量均衡地落在两手、前脚和后膝关节之间。

"预备"时,逐渐抬起臀部,使身体重心向前上方移动,此时身体重量落在两臂和前腿之间,其重心投影点距起跑线 15～20 厘米。臀部抬起稍高于肩,使两小腿趋于平行。"预备"姿势时,不要过分地把身体重量移向两手是非常重要的。两脚贴紧在前后起跑器抵足板上,注意力放在后腿脚的"蹬"上,准备随时蹬离起跑线。

鸣枪(或"跑")时,运动员应立即全速向前。这个动作开始于两手迅速推地、两腿有力蹬伸,而且几乎是同时进行的。两臂屈肘有力地前后摆动,同时两腿快速用力蹬起跑器。后腿快速蹬离起跑器后,便迅速屈膝向前上方摆出。摆出时腿不应离地面过高,这有利于摆动腿迅速着地并过渡到下一步。

2. 起跑后的加速跑

起跑后的加速跑是从蹬离起跑器到途中跑开始的一个跑段,一般为 20 米左右,用

13～15步跑完，其任务是充分利用向前的冲力，尽快加速达到自己的最高速度。

起跑后的加速跑第一步，自前腿充分蹬伸到后腿蹬离起跑器前摆着地结束。摆动腿前摆与支撑腿间的夹角稍大于90度，摆动腿过分高抬并无好处，这会使躯干的前倾和向前运动产生困难。第一步的摆动腿应积极下压，着地点在身体重心投影点的后方，以前脚掌着地并迅速过渡到有力的后蹬结束，这一动作越快，越有利于下一步的快速有力地完成蹬地技术。

起跑后的最初几步的步长变化是第一步为3.5～4个脚掌长，第二步为4～4.5个脚掌长，以后的步长约逐步增加半个脚掌，直到途中跑的步长。

加速跑最初几步的支撑点是处在身体总重心投影点后面，因此是发展速度的最好条件，可以形成良好的后蹬角，并使后蹬的大部分力量用于提高水平速度。起跑后的加速跑段的支撑腿着地位置，一般是前2～3步脚着地于身体总重心的投影点后面；随后几步在身体总重心投影点着地；往后，则在总重心投影点前面着地。而最初几步的两脚着地点间的距离比途中跑稍宽，随着速度的发挥，两个脚着地点逐渐向中线靠拢。

起跑后加速跑段的两臂有力的前后摆动具有很大的意义，在开始几步身体处于很大的前倾姿态时，重心移动的初速度较小。因此，加速跑段应更加有力地大幅度地摆臂。

3. 途中跑

途中跑的任务是继续发挥和保持最高跑速。途中跑的每一个单步结构均由支撑期和腾空期组成。途中跑是由着地、垂直缓冲、后蹬和腾空组成。腾空阶段里小腿随着蹬地后的惯性和大腿的摆动，迅速向大腿靠拢，形成大小腿边折叠边前摆的动作。与此同时，摆动腿以髋关节为轴积极下压，膝关节放松，小腿随摆动腿下压的惯性，自然向前下伸展，准备着地时，前脚掌应富有弹性。着地点距总重心投影点27～37厘米，脚后跟不应落地，垂直缓冲为爆发性用力积蓄了动能；后蹬时，摆动腿迅速有力地屈膝向前上方摆出，摆至与水平面接近平行或平行，但不能超过水平面，否则会分散一部分力量或产生阻力。跑的成功很大程度上取决于跑的动作自然放松。

4. 终点跑

终点跑是全程跑的最后一段，其任务是尽力保持途中跑的高速度跑过终点。要求运动员在离终点线15～20米处时，尽力加快两臂摆动速度和力量，保持身体前倾角度。当运动员离终点线前一步距离时，上体急速前倾，双手后摆，用胸部或肩部撞终点线。跑过终点后逐渐减速。

对于200米、400米跑，除上述技术之外，还有弯道跑技术。运动员为了克服离心力，弯道跑摆腿时，整个身体向内倾斜，摆动腿前摆时，左膝稍向外展，以前脚掌外侧着地；右膝稍向内扣，以脚掌内侧着地，同时，并加大右腿前摆的幅度。弯道跑摆臂时，左臂摆动幅度稍小，靠近体侧前后摆动；右臂摆动的幅度和力量稍大，且前摆时稍向左前方，后摆时肘关节稍向外。弯道技术变化的程度与跑的速度、弯道半径有关联，速度越快、半径越小，技术变化的程度越大。从弯道进入直道时，身体逐渐减小内倾程度，放松跑2～3步，然后全力跑完全程。

（二）技术介绍

短距离跑简称短跑。据史料记载，短跑是公元前776年古希腊奥运会唯一的竞技项目，距离为192.27米。现代短跑起源于欧洲，最早被列入正式比赛是在1850年的牛津大学运动会上，当时设有100码、330码、440码跑项目。19世纪末，为规范项目设置，将赛跑距离由码制改为米制。

奥运会短跑项目男、女均设100米、200米和400米，运动员比赛时必须使用起跑器，听信号统一起跑，必须自始至终在自己的跑道内跑动。在国际赛事中，所有短跑项目必须采用蹲踞式起跑及起跑器。在“各就位”口令之后，运动员必须走向起跑线，在自己的分道内和起跑线后做好准备姿势。双手和至少一个膝盖应触地，两脚应接触起跑器。发出“预备”口令时，运动员应立即抬高身体重心做好最后的起跑姿势，此时运动员的双手仍须与地面接触，两脚不得离开抵足板。一旦发令员认为所有运动员的“预备”姿势稳定后，即可鸣枪。除此以外，在“各就位”口令发出后，以声音或动作扰乱他人，也判为起跑犯规。在枪声响起前有任何起跑动作，均属起跑犯规。除了全能比赛，对起跑犯规负有责任的一名或多名运动员将被取消比赛资格。

（三）产生原因与纠正方法

1. 抢跑

（1）讲清动作要领和听枪声起跑的意义，严格要求遵守比赛规则。

（2）调整起跑器到起跑线的距离和起跑器抵足板的角度。

（3）适当调整预备姿势时身体重量的分配，增强手指和臂的力量。

（4）“延长”或“缩短”预备—鸣枪的时间，养成听枪声启动的习惯。

2. 起跑动作无力，臂和腿的动作配合不协调

（1）调整起跑器安装的距离与角度，做出有利于快速反应与发力的预备姿势。

（2）预备姿势时两脚掌要贴紧起跑器。

（3）反复做蹬离起跑器的摆臂摆腿练习或做单臂支撑半蹲踞式起跑，改进起跑第一步臂和腿摆动的协调配合动作。

（4）结合发展腿部爆发力采用起跑的专门练习（如起跑、立定三级跳远等）。

3. 起跑后加速跑时上体抬起过早

（1）讲清起跑后加速跑动作要领。

（2）解除怕摔思想，加强蹬离起跑器的练习，强调加强摆臂抬腿。

（3）适当拉长两起跑器间的距离。

（4）用橡皮带牵引做起跑练习。

（5）发展腿部力量。

（6）用橡皮带牵引做起跑后的加速跑，在跑中逐渐加大身体前倾。

4. 加速跑阶段臀部后缩，摆动腿抬不起来，蹬离地面后“撩”小腿

（1）讲清加速跑的技术特点和动作要领，强调摆臂和抬腿。

（2）发展腰、腹肌力量。

(3) 用橡皮带牵引做起跑和起跑后前几步的练习，体会合理的前倾姿势。

5. 前摆低，大腿抬不起来

(1) 讲清后蹬结束后，大小腿折叠动作的重要性，并且反复做大小腿折叠前摆的辅助练习。

(2) 加强抬大腿的屈肌群力量和伸肌的柔韧性练习。

(3) 上体趋于正直，使髋关节处于前移的姿势，便于摆动腿前抬。

(4) 反复做高抬腿跑练习或加阻力做向前高抬大腿的练习。

6. 后蹬无力，坐着跑

(1) 讲清在后蹬时，髋、膝、踝三关节的用力顺序和充分伸展动作。

(2) 后蹬时，强调摆动腿前摆带动同侧骨盆前送。

(3) 加强腰、腹肌力量练习，跑时强调腰、腹肌保持适当的紧张。

(4) 身体保持正直姿势，使髋关节积极前送。

(5) 加强支撑腿的伸肌群力量练习，提高支撑能力。

(6) 多做高抬腿跑和后蹬跑等专门性练习。

(7) 负重弓箭步走和各种多级跳。

7. 前踢小腿跑

(1) 讲清动作要领，清除借前踢小腿来加大步幅的错误概念。

(2) 摆动腿大小腿应充分折叠，大腿高抬，然后大腿下压，小腿自然伸展。

(3) 反复做高抬腿跑。

8. 支撑腿和摆动腿配合不协调，动作脱节无力

(1) 讲清支撑腿与摆动腿配合的动作要领。

(2) 做 50～60 米的快速跨跳，要求快蹬、快摆，动作幅度大。

(3) 做 30～50 米的蹬摆跳。单腿屈膝支撑，摆动腿从体后向前摆出，同时支撑腿迅速用力伸展成跳跃，接着以摆动腿着地支撑。

(4) 用中等速度跑，体会蹬地腿与摆动腿协调用力。

9. 步频快，步幅过小

(1) 讲清短跑的技术特点和步长、步频的关系。

(2) 反复做大步跑、加速跑以及并列同步加速跑（由步幅大的同学带跑）。

(3) 增强腿部力量和腿部肌肉柔韧性。

10. 步幅大，步频过慢

(1) 反复做快频率的小步跑、高抬腿跑等专门性练习。

(2) 发展快速力量。

(3) 由频率较快的同学带跑或牵引跑。

(4) 下坡跑或控制步长的定格跑。

11. 摆臂动作不正确

(1) 讲清正确摆臂的技术要领，明确摆臂动作的重要性。

(2) 增强手臂、肩带以及腰、背肌群的力量。

(3) 多做原地摆臂的练习。

(4) 用中等速度跑改进摆臂技术。

二、接力跑

接力跑是田径运动中唯一一项以集体形式出现的竞赛项目，它是由跑和传、接棒技术组成的。接力跑传、接棒时精湛的技艺和每名参赛队员为集体竭尽全力所表现出的高度的默契，以及比赛场面激烈的竞争性和比赛结果变化无常带来的戏剧性，使它成为田径场上最具吸引力、最令人兴奋的项目之一。接力跑一般分为场地接力跑和公路接力跑。这里主要介绍场地接力跑，其设置的项目一般为男、女 4×100 米接力，4×400 米接力，4×800 米接力等。群众性的体育竞赛活动中，也有不同形式、不同距离、不同人数的接力跑，如迎面接力等。

接力跑的途中跑技术基本上与短跑相同，只是要求各棒队员之间协调配合，保证在高速跑进中完成传棒、接棒技术。为了更好地观赏接力跑比赛以及接力跑技术的有效利用，下面将对它的技术作一简要介绍（图 2-3）。

图 2-3

（一）起跑

在接力跑的起跑技术中分为持棒起跑和接棒起跑。第一棒运动员采用持棒起跑技术，而第二、三、四棒运动员采用接棒起跑技术。第一棒运动员以右手握棒，采用蹲踞式起跑，接力棒不得触及起跑线以及起跑线前的地面。握棒方法一般是用右手的中指、无名指和小指握住棒的后部，拇指和食指分开撑地；第二、三、四棒运动员多采用半蹲踞式，接棒人站在接力区的后端预跑区内，选定起跑位置，并且头转向左后方，目视传棒人的跑进和自己的起动标志线。接棒运动员起跑姿势的选择，主要取决于能否快速起跑，并能清晰地看到传棒选手以及设定的起动标志（图 2-4）。

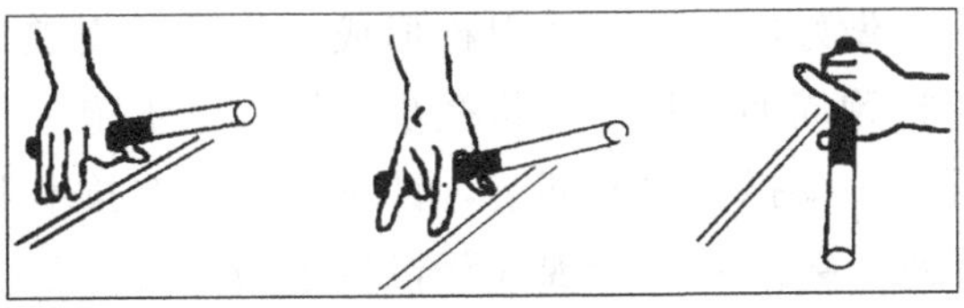

图 2-4

（二）传、接棒方法

传、接棒在接力跑项目中非常重要，是影响成绩的关键点。传、接棒方法一般分上挑式、下压式和混合式三种。

上挑式是接棒人手臂自然后伸，掌心向下，传棒人将棒由下向前上方“挑”送到接棒人手中，优点是动作自然，不影响速度，缺点是接棒后还需要调整，且容易掉棒。下压式是接棒人手臂后伸，但掌心向上，传棒人将棒的前端由上向下“压”送到接棒人手中，优点是棒不容易掉，缺点是影响速度、不自然，传、接棒位置还需要调整。混合式是在一次接力跑中综合使用了前面两种方式（图 2-5）。

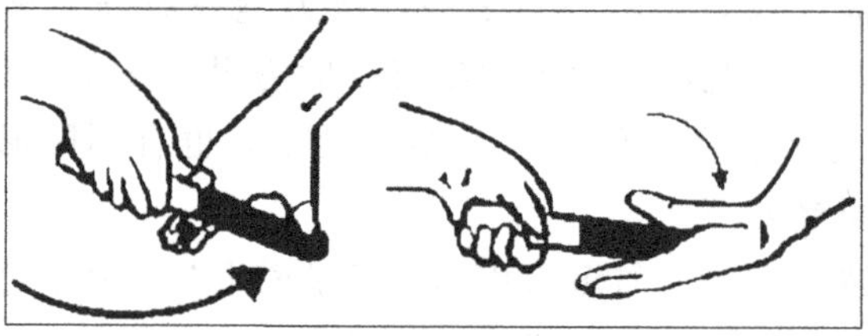

图 2-5

接力跑是由队员密切配合、奋力拼搏完成全程跑的。接力跑在安排各棒队员时，必须考虑发挥每名队员的特长与优势。在 4×100 米项目中，第一棒安排起跑快、跑弯道技术好者；第二棒是直线快速跑、速度耐力好、传接技术好者；第三棒除应具备第二棒的长处外，还要善于跑弯道；第四棒是全队实力最强的主力。4×400 米接力跑，由于 400 米后程的跑速明显地降低，传接棒的技术比较简单。各棒之间的配合以第一棒和第四棒的安排为主。一般将速度较快的运动员放在第一棒，争取获得领先地位；第四棒安排速度耐力好，意志品质较顽强的运动员，一旦前三棒落后，可奋起直追，一拼到底。

三、跨栏跑

跨栏跑产生于英国，兴起于欧洲，发展于美国。它是技术最为复杂的田径项目之一。起初是简单地将羊圈的栅栏移植到大学的运动会上，后来栏架形状由“⊥”形变为“∟”形，这些都促进了跨栏技术革新。由于跨栏跑具有速度快、节奏感强、竞争激烈、技术含量高等特点，所以它是一项极具观赏性的运动项目。

（一）学习步骤和练习方法

跨栏跑项目包括女子 100 米栏、男子 110 米栏和男、女 400 米栏。每个项目都设 10 个栏架，但栏高和栏距不同。以男子 110 米栏为例，全程跑技术可分为起跑至第一栏技术、途中跑技术、终点冲刺跑技术。起跑至第一栏技术的任务是在有限的距离内发挥高的跑速，为积极过第一栏做好准备，为全程跑形成良好的节奏奠定基础。途中跑是由 9 个跨栏周期组成的，跨栏跑周期包括一个跨栏步和栏间三步跑。

在跨栏跑训练过程中，要抓住主要环节，针对运动员在技术上存在的薄弱环节进行训练。坚持做到以下几点：第一，接受现代跨栏技术的理论概念。通过直观法，对跨栏技术进行理论上的分析，加深运动员对技术的理解。跨栏技术的核心是跨栏步，它决定了跨栏成绩的快慢。跨栏步是由摆动腿攻栏，起跨腿提拉过栏和下栏着地组成。通过反复地观摩及分析，加强并提高了运动员的认识理解和接受能力。第二，强调“摆动腿”。运动员在起跨腿踏上起跨点开始的一刹那，摆动腿就进入了攻栏摆动阶段。一直到摆动腿落地才完成了摆动腿的使命。摆动腿攻栏是否充分积极，落地是否快速都直接影响着跨栏步，故多做摆动腿的练习是提高跨栏技术的重要因素。可以说没有充分积极的摆动腿攻栏就没有快速的栏间跑。

在跨栏跑比赛中，必须使用起跑器和蹲踞式起跑。跨越栏架这一步叫作“跨栏步”，它包括起跨、过栏和下栏三个部分（图 2-6）。

图 2-6

1. 起跨

起跨前应保持较高的跑速，最后一步比前一步的步长小一点，当起跨腿脚掌着地时，摆动腿由体后向前摆动，大小腿在体后开始折叠，膝关节摆至超过腰部高度。两腿蹬摆配合完成起跨运动过程中上体随之加大前倾，摆动腿异侧臂往前上方摆出，另一臂屈肘摆至体侧，形成“攻栏姿势”。

2. 腾空过栏

腾空后身体重心沿着起跨所形成的腾空轨迹向前运行。起跨腿蹬离地面后，摆动腿大腿继续向前上方摆至膝关节超过栏架高度，小腿迅速前摆，当脚掌接近栏架时，摆动腿几乎伸直，脚尖微微上跷。摆动腿的异侧肩臂一起伸向栏架上方。上体加大前倾使头部接近或超过摆动腿的膝略高于踝。

3. 下栏着地

摆动腿积极下压，起跨腿加速向前提拉，以髋为轴完成两腿交接动作，摆动腿脚掌移过栏架的同时，起跨腿屈膝外展，小腿收紧抬平，脚尖勾起足跟靠臀，以膝领先经腋下加速前拉，当脚掌过栏后，膝继续收紧向身体中线高抬，脚掌沿最短路线向前摆出，身体成高抬腿跑的姿势，伸直下压的摆动腿在接触地面时，前脚掌做积极扒地动作。

（二）技术介绍

跨栏跑各参赛者必须在自己的线道内完成比赛，而且当参赛者跨越栏架时，若其腿或足从低于栏架顶的水平线跨越，或跨越并非自己赛道上的栏架，均应被取消资格。若裁判员认为参赛者故意以手或足撞倒任何栏架，亦应取消其参赛资格。

奥运会比赛项目分男子 110 米跨栏跑、400 米跨栏跑（1896 年列入）；女子 100 米跨栏跑（1932 年列入，当时为 80 米跨栏跑，1972 年改为 100 米跨栏跑）、400 米跨栏跑（1984 年列入）。男子 110 米跨栏跑的栏高为 106 厘米，400 米跨栏跑的栏高为 91.4 厘米；女子 100 米跨栏跑的栏高为 84 厘米，400 米跨栏跑的栏高为 76.2 厘米。比赛时，如果出现下列情况的运动员也将被取消比赛资格：

（1）在过栏瞬间其脚或腿在栏架两侧外（任意一边）低于栏架顶水平面。

（2）裁判长认为运动员有意撞倒栏架。

（三）常见错误及纠正方法

1. 直腿攻摆

【产生原因】

（1）对动作要领理解不够，动作概念不清。

（2）攻栏时，大小腿折叠和向前上方摆高度不够，造成小腿摆伸过早。

（3）摆动腿膝关节过分紧张，动作不正确。

【纠正方法】

（1）观看优秀运动员的录像。用 DV 拍摄自己的动作并和优秀运动员的录像动作进行比较并找出不足。

（2）面对肋木、墙壁多做攻摆练习，一定要有意识做大小腿折叠和向前上方摆动的动作。

（3）多做膝关节放松摆伸练习，熟练掌握攻摆动作。

2. 跳栏

【产生原因】

（1）起跨腿弯曲过大，脚跟着地跨地角度大，垂直分力过大。

（2）起跨点离栏架太近，限制摆动腿向栏迅速前摆，怕碰栏。

（3）摆动腿上摆，下放摆动腿消极缓慢。

【纠正方法】

（1）确定适宜的起跨点，使起跨点距栏架不短于自己的七个脚掌长，适当加快栏前跑的速度。

（2）利用活动轻便的铝塑管代替栏架的横板做跨栏练习，消除害怕碰栏的顾虑，当有信心时转入正式栏架的练习。

（3）加强柔韧性的练习，掌握摆动腿屈腿摆动的攻栏技术。

3. 上栏前拉大步

【产生原因】

（1）下栏后速度下降过快，第一步太短被迫拉大后两步。

（2）练习时，栏间距太长，跑速和腿部力量不够，不拉大步到不了起跨点。

（3）栏间跑只注意跨步，忽视腿臂的积极配合，失去正确的平跑姿势。

（4）对三步跑过必要的栏间距缺乏信心。

【纠正方法】

（1）在第一步落地点画上标志，以加大下栏后第一步的步长。并注意下栏后要保持速度强化过栏后紧接跑的意识。

（2）缩短栏间距或降低栏架高度，也可适当重复练习栏间5步跑的连续跨栏。

（3）发展腿部力量，提高弹跳力，注意改善平跑技术。

四、中长跑

中长跑包括中距离跑和长距离跑。中距离跑包括800米、1500米、3000米，它对速度和耐力都要求较高。而长跑以耐力为主，包括5000米、10000米，可以充分地锻炼人的意志品质，提高人体心肺功能。现代中长跑技术的特征为：身体重心位移平稳，动作实效、经济、轻松、自然，并保持良好的节奏、高步频，积极有效地伸髋和快速有力地摆动动作。

在中长跑比赛中，合理运用战术及分配体力是取得优胜的关键。在集团作战时，为了节省优秀运动员的体力，其他运动员将其掩护起来，并做出一定的牺牲，如跑外圈，挡住后面运动员等。其中包括速度较快运动员的战术和速度较慢运动员的战术之分，如2004年第28届奥运会上，中国选手邢慧娜在5000米比赛中，出发时处于最后一位，但是她稳步地一名一名地追赶，最后以强劲的冲刺，获得了冠军。

中长跑时，应注意呼吸的节奏。呼吸的节奏取决于个人特点和跑的速度。一般是跑两步或三步一呼气，跑两步或三步一吸气，随着跑速的提高，呼吸频率也相应加快。在强度大、竞争激烈的情况下，应采用半张口与鼻同时呼吸来最大限度地满足机体对氧气的需要。中长跑时，由于内脏器官机能的惰性，氧气的供应暂时落后于肌肉活动的需要，跑一段距离后会不同程度地出现胸部发闷、呼吸困难、动作无力等现象，迫使跑速降低，甚至有难以坚持下去的感觉。这种生理现象叫“极点”，它与准备活动、训练水平有关。训练水平高，内脏器官的适应能力强，“极点”出现就缓和、短暂。当“极点”出现时，可适当降低跑速，注意加深呼吸，同时要以顽强的意志坚持下去。

（一）学习步骤和练习方法

尽管中长跑的技术结构比较简单，但是运动员的技术类型是在日常生活中形成的，改进错误的技术动作比学习一门新的技术动作困难得多。因此，应根据中长跑技术形成和改变的内在规律和特点，科学地安排好中长跑的技术训练。

中长跑强度相对较低，运动时间较长，这为运动员改进某一环节的动作创造了条件。因此，首先应该让运动员建立正确的完整的技术概念，了解自己技术动作的缺点。其次在训练中，应不断指出运动员要改正的某一错误动作，引起运动员注意，这样才能收到较好的效果；在训练实践中，有时稍不注意或不提醒，原有的错误动作又会出现，这就需要不断地强化，直到彻底改正为止。

在技术训练中，针对一些错误动作，应采用专门性的练习手段和分解练习及辅助练习手段加以改进。如为了消除摆动腿折叠不紧的错误技术，可以徒手练习后折叠跑，也可加阻力进行专门的折叠摆腿练习，做完这些练习后立即结合到完整的技术中去。这种以分解练习或辅助练习转换到完整技术训练的方法，在技术训练实践中会收到很好的效果。

1. 起跑和起跑后的加速跑

中距离跑采用半蹲踞式或站立式起跑，长距离采用站立式起跑。

（1）半蹲踞式起跑。两臂一前一后，一手的拇指与其他四指成八字形撑于起跑线后，另一臂在体侧，体重主要落在前腿和支撑臂上。起跑动作近似蹲踞式起跑。

（2）站立式起跑的动作顺序按下列口令进行：听到“各就位”口令后，先做一两次深呼吸，然后走或慢跑到起跑线后，两脚前后开立，有力的脚在前，紧靠起跑线的后沿，前脚跟和后脚尖之间的距离约一脚长，两脚左右间隔约半脚，体重大部分落在前脚上，后脚用前脚掌支撑站立。眼向前看 3～5 米处，身体保持稳定姿势，集中注意力听枪声或“跑”的口令。

听到枪声或“跑”的口令时，两腿用力蹬地。后腿蹬地后迅速前摆，前腿迅速蹬直，两臂配合两腿动作做快而有力的摆动，使身体快速向前冲出，在短时间内获得较快的跑速。

2. 中长距离跑的呼吸

初参加中长跑练习的人，应掌握正确的呼吸方法。刚开始跑时可在自然的情况下加深呼吸，呼吸的节奏要和跑的节奏相配合。一般是跑三步一呼气，跑三步一吸气，并有适宜的呼气深度。随着疲劳的出现，呼吸的频率有所增快，应着重将气呼出。

3. 途中跑

（1）上体的姿势。正确的上体姿势是正直或稍前倾，头部自然，眼平视，面部和颈部的肌肉要放松。

（2）腿部动作。跑的速度大小决定于步长和步频。

（3）后蹬与前摆。在一个跑的周期中，当身体重心移过支撑点后，开始后蹬与前摆的动作。当摆动腿通过身体垂直部位向前摆动时，支撑腿的各个关节要迅速蹬伸，首先伸展髋关节，再迅速有力地伸展膝关节和踝关节。后蹬结束时，腿几乎伸直或伸直。蹬伸的时间应短促，这样才能在蹬伸后及时向前摆腿。

（4）腾空。后蹬腿蹬离地面后，身体进入腾空时期。当后蹬腿的大腿开始向前摆动时，小腿顺惯性自然摆起，膝关节弯曲，形成大小腿折叠的姿势。

（5）脚的着地与缓冲。当摆动腿的大腿开始下落时，膝关节亦随之自然伸直，并用前脚掌着地。

（6）摆臂动作。中长跑时，两臂稍微离开躯干，肘关节自然弯曲，以肩为轴前后自然摆动，摆幅要适当。

4. 终点跑

终点跑是临近终点的一段加速跑，进入最后的直道时，要竭尽全力进行冲刺跑。加速跑的时间，要根据比赛的距离、个人训练水平和战术决定。

（二）技术介绍

奥运会所有的中长跑比赛都采用站立式起跑。其中，800 米比赛的起跑是运动员分别在自己的跑道里，直到通过抢道标志线以后运动员才能离开自己的跑道，切入里道。1500米比赛和长距离跑通常采用集体出发的形式，从起跑开始，运动员就可以切入里道。在“各就位”口令后，运动员应走向起跑线，在起跑线后做好起跑准备姿势（完全在自己的分道内）。运动员就位时，其双手或双脚均不得触及起跑线或线前地面的任何部分。一旦发令员认为所有运动员的起跑姿势稳定后，即可鸣枪。除了全能比赛，对起跑犯规负有责任的一名或多名运动员将被取消比赛资格。

与跑道竞赛项目不同，马拉松跑属于公路赛，比赛也同样采用集体出发方式，而且一次比赛就评定出最后名次。国际田联将1908年奥运会所采用的42.195公里确定为马拉松跑的标准距离。马拉松比赛可采用起、终点在同一地点的往返路线，也可采用起、终点不在同一地点的单程路线。比赛时，沿途必须摆放标有已跑距离的公里牌，并要每隔5公里设一个饮料站提供饮料，两个饮料站之间设一个用水站，提供饮水或用水。因比赛路线、条件差异较大，故国际田联不设世界纪录，只公布世界最好成绩。

（三）产生原因与纠正方法

1. 重心偏低，即俗称的“坐着跑”

（1）反复讲解和示范，建立正确的技术概念。

（2）反复进行后蹬跑、上坡跑的练习，强调摆腿时高抬大腿并带动同侧髋关节前送以及后蹬充分有力。

（3）加强下肢力量练习，反复进行跨步跳、多级跳等练习。

（4）注意发展髋、膝、踝各关节的柔韧性和灵活性。

2. 前摆高度和幅度不够

（1）做高抬腿的各种练习，提高腿的高幅度以及摆动腿前摆时的高度，要求大腿前摆与水平部位平行或略高一些。

（2）强调跑动中上体保持稍前倾姿势，进行上体较正直的慢跑、下坡跑以及各种高抬腿跑。

（3）注意发展腰腹部肌肉力量。

3. 身体左摇右晃

（1）原地进行摆臂练习，慢跑或中速跑中注意正确的摆臂技术。加强以肩为轴，以肘发力的两臂前后摆臂练习。

（2）手持重物的摆臂练习。

（3）沿跑道线等有明显直线标志的跑道直线，要求两脚的着地点落在中线的两侧近点。

4. 起跑抢跑和起跑后速度过快

（1）加强中长跑起跑技术的练习，学习和掌握站立起跑技术，注意在“各就位”姿势时身体重心的位置。

（2）制定合理的分配体力方法，按预定的方案跑，不受他人干扰。

（3）掌握科学合理的技术、战术方案和抢位的方法。

5. 摆动腿在垂直阶段折叠不够

（1）反复进行折叠腿的各种练习，如跑动中后踢小腿，以足踵触及臀部等练习。

（2）发展膝关节的柔韧性和灵活性。

6. 柔韧性差

（1）在慢跑或中速跑时，自然轻松地摆臂，体会肌肉的放松和用力，提高肌肉神经的灵活性。

（2）提高和发展专项耐力，保持正确的身体姿势。

（3）用自然呼吸进行跑步练习，体会和掌握呼吸与步频的自然协调配合。

（4）发展专项必备的柔韧性练习。

第三节 跳跃项目

跳跃项目包括跳远、三级跳远、跳高和撑竿跳高。它是人体在短时间内高强度地以肌肉用力克服障碍的运动，如克服地心引力，身体重量，克服器械、心理、情绪等阻力。因此，跳跃练习能提高控制身体和集中用力的能力，能充分发展和提高弹跳力、下肢爆发力和灵敏、协调性，培养勇敢精神。

一、跳远

跳远既要有快速的助跑，又要有准确的踏板起跳，高的腾空和稳健的落地。所以，它除了能发挥人体速度、弹跳力等素质外，更重要的是能提高神经系统的分析、综合和应变能力，以及内脏器官的生理功能。

跳远是田径比赛中的一个项目，同时也是人越过障碍物的实用技能。从事跳远运动可以有效地发展弹跳力、速度和提高控制身体的能力。

（一）学习步骤和练习方法

跳远的完整技术是由助跑、起跳、空中动作和落地四个部分组成（图 2-7）。正确完成跳远技术的各部分动作，以及实现各部分动作的有机结合是完善跳远技术的关键。

图 2-7

跳远的助跑速度与跳远的成绩密切相关。助跑的任务是获得更快的水平速度，并为准确地踏板和快而有力的起跳做准备。优秀运动员助跑的加速有两种方法：平稳加速和积极加速。美国优秀跳远运动员刘易斯采用前一种，而后一种适合绝对速度较快的运动员。助跑要提高重心、高抬腿、富有弹性、节奏明显，最后几步助跑有两种技术特征：

一是最后几步的步长相对缩短，步频明显加快，形成一种快速进入起跳的助跑技术节奏；另一种是在步长相对稳定的情况下，加快步频，形成快速上板的技术特征。目前，世界优秀运动员大都采用后一种跑法。因此，要有积极向踏板进攻的意识。快速、准确是助跑技术的要点，节奏是完成这一要点的关键。一般来说，助跑距离和步数，优秀男子运动员为 40～45 米，跑 18～24 步；女子运动员为 30～40 米，跑 16～18 步。

起跳是跳远的关键环节，是将水平速度保持和传递的重要阶段。起跳时，应充分利用助跑所获得的速度，在较短的时间内，创造尽可能大的腾起初速度和适宜的腾起角。起跳脚着地时，足跟和足掌几乎同时着地，躯干与地面成 90～107 度；蹬伸时，身体迅速前移并伸展，充分地伸展起跳腿的髋、膝、踝，上体和头部保持正直，摆动腿大腿摆至水平或高于水平位置，两臂前后摆起。（如图 2-8 所示）

图 2-8

起跳离地后，人体向空中腾起，由于起跳时产生使身体向前的旋转力，空中动作就是要减少身体向前旋转，保持身体在空中的平衡，最大限度地利用身体重心抛物线轨迹，把两腿充分地前伸，为合理地落地做准备。跳远的空中姿势有蹲踞式、挺身式和走步式。在三种空中姿势中，“蹲踞式”比较简单，且容易掌握。它的技术要点是：起跳进入腾空步后，摆动腿大腿继续高抬，躯干正直，两臂向前上方摆动，随后起跳腿向摆动腿靠拢，成蹲踞姿势。落地动作要点是：小腿前伸，两臂向体后摆动。着地前尽量减少双腿与地面的夹角，以便于足的着地点更接近身体重心轨迹的落点。在脚接触沙面的瞬间，屈膝缓冲，髋部迅速前移，双臂快速前摆，使臀部移过落地点。也可以采用落地侧倒的方法。

（二）技术介绍

跳远源于人类猎取或逃避野兽时跨越河沟等活动，后成为军事训练的手段，为公元前 708 年古代奥运会五项全能项目之一。现代跳远运动始于英国，1827 年 9 月 26 日在英国圣罗兰·博德尔俱乐部举行的第一次职业田径比赛中，威尔逊越过 5.41 米的远度，这是第一个有记载的世界跳远成绩。跳远的空中动作有蹲踞式、挺身式和走步式。20 世纪 70 年代出现前空翻跳远，因危险性大，被国际田联禁用。最初运动员是在地面起跳，1886 年开始采用起跳板。起跳板为白色，埋入地下，与地面齐平，长 122 厘米，宽 20 厘米，距沙坑近端不少于 1 米。起跳板前有起跳线，起跳线前有用于判断运动员起跳是否犯规的橡皮泥显示板或沙台。运动员必须在起跳线后起跳。比赛时，如运动员不足8人，每人可试跳6次，超过8人，则先试跳3次，8名成绩最好的运动员再试跳3次。以运动员6次试跳的最好成绩排列名次。男、女跳远分别于1896年和1948年被列为奥运会比赛项目。

（三）常见错误及纠正方法

1. 助跑步点不准

【产生原因】

（1）开始助跑的姿势不固定。

（2）助跑加速不均匀，节奏和步长不固定。

（3）受气候、场地、身体机能和心理因素影响。

【纠正方法】

（1）固定助跑的起动方式，正确使用助跑标志物。

（2）固定加速方法，确定和掌握助跑节奏。

（3）注意在各种环境下进行练习，培养适应能力，提高助跑稳定性。

2. 助跑最后几步减速

【产生原因】

（1）步点不准，最后几步步长过大或过小。

（2）助跑时上体后仰、臀部后“坐”或后蹬不充分等。

（3）怕越板犯规或跑快了跳不起来。

（4）急于做强有力的起跳。

【纠正方法】

（1）要强调跑的动作正确，跑的路线正直，反复进行各种跑的练习和跑步点。

（2）要强调跑过踏板，起跳动作轻而柔和，利用速度争取出好成绩。

（3）改进起跳技术。

（4）采用俯角斜板提高起跳速度。

3. 起跳腿蹬伸不充分

【产生原因】

（1）摆动腿摆动的速度慢，幅度较小。

（2）起跳蹬伸时机掌握不好，起跳腿力量不够。

（3）起跳时髋部没有积极前送。

【纠正方法】

（1）起跳中加快摆动腿的速度和幅度。

（2）改进起跳技术，进行各种起跳的专门练习。

（3）发展腿部力量。

4. 起跳后做不出“腾空步”动作

【产生原因】

（1）起跳时，起跳腿还没有蹬直就离地收腿。

（2）起跳时，上体过于前倾或后仰。
（3）起跳时，摆动腿摆动无力。

【纠正方法】

（1）起跳后，用头、手或摆动腿的膝去触及一定高度的悬挂物。
（2）连续做跨步跳练习。
（3）在高处（如利用斜板）起跳，做“腾空步”练习。

5. 起跳方向不正

【产生原因】

（1）最后几步助跑的路线偏斜或起跳时身体侧倾。
（2）摆动腿方向不正。
（3）起跳中身体积极前移不够。

【纠正方法】

（1）强调直线助跑的重要性，按事先画好的直线，反复进行助跑和起跳练习。
（2）反复做起跳的模仿练习，强调头和躯干成一条线，摆腿要正。
（3）做完整的跳远练习，强调跑过跳板，或在俯角斜板上练习起跳。

6.“制动式”起跳

【产生原因】

（1）没有掌握正确的起跳技术，对保持高的水平速度的意义认识不足。
（2）盲目追求过高的腾空高度。

【纠正方法】

（1）正确认识水平速度对提高跳远成绩的重要性。
（2）强调在快速跑过起跳板的条件下起跳，起跳腿着地时脚要积极“扒地”。

7. 挺身动作过早

【产生原因】

（1）起跳时上体过于前倾。
（2）起跳不充分，腾空步幅度小。
（3）腾空后，摆动腿放下得过早。

【纠正方法】

（1）加强起跳练习，强调“腾空步”姿势，待身体腾跃到一定距离后，再做挺身动作。

（2）助跑起跳后成“腾空步”姿势越过一定高度的横杆，然后再放下摆动腿并向后摆动，形成挺身展体姿势。

8. 以挺腹代替挺身

【产生原因】

（1）“腾空步”后，摆动腿下落不积极。
（2）摆动腿没有后摆的动作，而且上体后仰。

【纠正方法】

(1) 在器械上支撑或悬垂，做挺身的模仿练习。

(2) 加强短距离助跑的完整练习，要求上体保持正直，摆动腿积极下落并向后摆动。

9. 空中身体产生前旋

【产生原因】

(1) 起跳时低头，上体过于前倾，过早收起起跳腿。

(2) 摆动腿大腿前摆不够，腾空步动作不明显。

【纠正方法】

(1) 短程助跑起跳，要求上体保持正直，目视前方。

(2) 起跳后保持明显的“腾空步”姿势，越过横杆或橡皮筋后再向前收起跳腿。

10. 着地时小腿前移不够

【产生原因】

(1) 着地前低头，上体前压。

(2) 腰腹力量和下肢柔韧性差。

【纠正方法】

(1) 立定跳远，要求着地前小腿向前伸出。

(2) 短程助跑跳远，着地前高抬大腿。

(3) 加强腰腹肌力量和大腿后侧肌群、韧带的柔韧性练习。

11. 着地后臀部后坐

【产生原因】

(1) 脚跟着地后，没有迅速屈膝前跪。

(2) 落地后身体不积极前移。

(3) 摆臂姿势不正确。

【纠正方法】

(1) 做落地的模仿练习，强调及时屈膝，屈踝和向前送髋。

(2) 做立定跳远练习，强调在着地前将两臂摆向体后，着地后用力前摆，协助身体迅速移过支撑点。

二、三级跳远

三级跳远项目最初起源于爱尔兰，当时的跳法是两次单足跳加一次跳跃的形式，现在这种形式的跳法是19世纪后期从英国发展起来的。三级跳远是一个对身体素质要求较高、技术比较复杂、身体素质与技术高度统一的项目。它经历了自由式跳法、高跳型技术、平跳型技术和速度型技术四个阶段。速度型技术，突出一个“快”字：助跑快、三跳节奏快。三级跳远是运动员经过助跑，沿直线连续进行三次水平跳跃的项目。它潇洒、飘逸，可以充分展示运动者的矫健，有效地发展人的协调性。

(一) 学习步骤和练习方法

三级跳远技术由助跑起跳、单足跳、跨步跳和第三跳四个部分组成。其中，第一跳

（单足跳）用起跳腿落地；第二跳（跨步跳）用摆动腿落地；第三跳（跳跃）用双脚落入沙坑（图2-9）。这就要求运动员尽量减少强弱腿力量的差距。

图 2-9

三级跳远的助跑与跳远的助跑基本相同，一般跑 16～24 步，普通运动员为 12～14 步。与跳远助跑的不同点是：①助跑倒数第二步步幅没有明显加大；②不宜强调起跳的准备动作。

第一跳（单足跳）是起跳脚起跳，要求助跑与起跳紧密衔接，起跳方向相对向前，起跳腿的大腿低于水平，以缩短腾空时间，随后，在空中做交换腿动作，起跳腿积极前摆、落地。要点是尽量保持水平速度，缩短时间，减少着地和腾空时的速度损失，动作充分，身体重心轨迹长而平。

第二跳（跨步跳）仍是起跳脚起跳，开始于第一跳腾空后，起跳腿积极下压、着地，同时摆动腿和两臂用力地向前摆动，身体重心保持较高的位置，第二跳的起跳角比第一跳的要小，腾空高度也较低。腾空后，摆动腿积极上提，上体前倾，起跳腿屈膝向后摆动，加大两腿间的夹角，为下一跳做准备。

第三跳是摆动腿起跳，应尽量利用所余的水平速度，并增加垂直速度，争取远度。第三跳着地角小于前两跳，但起跳角和腾空角都大于前两跳，起跳时，起跳腿的髋、膝、踝充分蹬直，两臂积极上摆，空中动作多采用蹲踞式。

三级跳远的摆臂动作有单臂摆、双臂摆和单、双臂混合等几种方式。单臂摆可减少速度的损失，双臂摆能保持身体的平衡。具体采用哪一种，应根据运动员自身技术特点进行选择。

（二）技术介绍

三级跳远起源于 18 世纪中叶的苏格兰和爱尔兰，两者跳法不同。苏格兰采用单足跳、跨步跳、跳跃，而爱尔兰用的是单足跳、跳跃。现规定必须使用苏格兰跳法。最早的正式比赛可以追溯到 1826 年 3 月 17 日首次举行的苏格兰地区运动会，比蒂（Andre Beattie）创造了 12.95 米的第一个纪录。比赛时，运动员助跑后应连续做 3 次不同形式的跳跃，第一跳为单足跳，用起跳腿落地；第二跳为跨步跳，用摆动腿落地；第三跳为跳跃，必须用双脚落入沙坑。男子三级跳远于 1896 年被列为首届奥运会比赛项目，女子三级跳远于 20 世纪 80 年代初逐渐广泛开展，1992 年被列为奥运会比赛项目。

三级跳远是由单脚跳、跨步跳和跳跃组成的，从事三级跳远的练习，具有和跳远同样的锻炼价值。

三、跳高

跳高作为一项竞技运动项目，仅有 100 多年的历史，但是其技术的变革却很大。据记载，最早的跳高纪录是用跨越式创造的。之后，跳高动作先后出现过的形式主要有剪式、滚式、俯卧式、背越式等。现在，在大型比赛中几乎全部运用背越式跳高技术，这不得不让我们记住一个名字——福斯贝里，是他在 1968 年墨西哥奥运会上，第一个运用背越式技术并夺得冠军。这给跳高技术带来了崭新的形式和更高的突破。由于技术的合理性，我们将对背越式跳高技术做介绍。另外，尽管跨越式是最原始的跳高技术，但是它源于生活，对我们提高跳跃能力并在生活中运用，有着一定的实践意义，所以也进行介绍。

（一）跨越式跳高

跳高技术都是由助跑、起跳、过杆和落地四个部分组成。

1. 助跑

在摆动腿一侧助跑，一般要跑 6～8 步。助跑路线与横杆的角度为 30～45 度，助跑的开始三四步要轻松，富有弹性，随后逐渐加速，上体微前倾，助跑后几步重心稍低。

2. 起跳

起跳点与横杆投影线的距离为 50～70 厘米，起跳时脚跟着地并迅速过渡到全脚掌，起跳腿迅速有力地起跳，踝、膝、髋充分蹬直，高抬摆动腿并积极前送小腿，身体重心迅速前上方移动，加大两腿间的距离。

3. 过杆

当摆动腿摆过横杆高度时，身体前倾，脚尖内转下压，起跳腿积极高抬，上体沿纵轴向起跳方向旋转，使臀部和起跳腿迅速过杆。

4. 落地

起跳腿随摆动腿的下压而抬高绕过横杆后，摆动腿缓冲落地（图2-10）。

图 2-10

（二）背越式跳高

背越式跳高技术的优越性在于能够利用助跑速度提高跳跃的效果。它有速度型、力量型之分。其中朱建华属于前一种，而索托马约尔属于后一种，他们都曾创造过世界纪录，是这两种技术的典型代表。背越式跳高的技术过程同样包括助跑、起跳、过杆和落地（图 2-11）。

图 2-11

四、撑竿跳高

撑竿跳高是田径项目中最为复杂的运动，它不仅要求运动员具有优秀跳远运动员的身体素质，而且还需具备优秀体操运动员的空间感觉和能力。撑竿跳高的发展始终伴随着撑竿材料的不断革新，从木杆、竹竿、金属竿到最后的尼龙竿，运动技术和运动成绩发生了巨大的变化，成绩也从 2.44 米提高到 6.14 米，世界纪录在使用了尼龙竿后就被打破了 51 次，还出现了有史以来最伟大的撑竿跳高运动员布勃卡。目前，男子撑竿跳高运动员虽无法与布勃卡的技术和成就相比，但是比赛场面依然非常精彩。而相比较而言，女子撑竿跳高发生了翻天覆地的变化，出现了被称为“女布勃卡”的俄罗斯人伊辛巴耶娃。

我们从撑竿跳高的比赛中，可以感受到人类向更高目标挑战的毅力和决心。这种充分展现人类力量、速度、协调、胆识的运动，吸引着无数观众的眼球。人们为成功者欢呼雀跃、兴奋、沸腾，同时也支持、鼓励着失败者一次一次地挑战自我。

撑竿跳高运动源于生活，同时也应回归生活，人们借助撑竿，可以越过一定的障碍、沟渠等，对我们的生活具有实践性意义。

第四节　投掷项目

投掷是人类生产和生活活动中的常用动作，投掷还可以发展人的上肢爆发力和准确性等。

田径运动中的投掷项目有四项，即铅球、铁饼、标枪和链球，都是以投掷远度决定成绩的。它是在我们祖先生存、生活的过程中发展起来的，尤其是标枪，它是被用做捕食猎物的手段，还可以发展上肢力量和爆发力，故被作为一种练习的手段来进行学习。

一、铅球

推铅球最早源于士兵投掷炮弹，那时炮弹是圆的，质量为 7.26 千克。后来，人们制作成比赛专用的铅球，质量一直沿用至今天。最初推铅球是在直线后进行，后来，不断改进成今天的圆形投掷区。推铅球运动员是站在直径为 2.135 米的投掷圈内，将铅球推在夹角为 34.92 度的扇形区之内，并且身体的任何部位不得超过前抵板，投出的成绩才有效。推铅球是一项以增强肌肉力量为主的动力性健身运动项目。其特点是要在最短的时间内，肌肉以最大的紧张度和最快的速度收缩所产生的爆发力量，以最协调和连贯的动作将铅球推到最远的地方。所以，长期坚持推铅球锻炼，既提高人体力量素质，又能改善人体的灵活性和协调性，提高神经系统生理功能。

图 2-12

目前，国内外流行的推铅球技术有三种：侧向滑步推铅球、背向滑步推铅球和旋转式推铅球（图 2-12）。第二、三种推铅球技术较复杂，一般多被竞技运动员采用。第一种推铅球技术较为简单、易学、易掌握，所以一般被健身者采用。

无论这三种推铅球技术有何差异，从技术整体结构上都有一个共同的技术结构，即包括握球与持球方法、预备姿势、滑步（旋转）、最后用力和维持身体平衡四个部分。

（一）学习步骤与练习方法

1. 握球和持球方法（以右手为例）

五指自然分开，将铅球放在食、中、无名指的指根上，拇指和小指托住铅球的两侧，手腕背屈，手握铅球贴住颈根部，肘关节外展，并略低于肩或与肩同高，不持球的臂放松举于左斜上方。

2. 预备姿势（以背向滑步推铅球为例）

图 2-13

推铅球技术主要有侧向滑步推铅球、背向滑步推铅球（图 2-13）和旋转推铅球三种方式。结合学生实际，现重点介绍背向滑步推铅球技术。

身体左侧正对投掷方向，两脚左右开立与肩同宽，右脚全脚掌着地站立，左脚前脚掌内侧着地，右肘稍低于肩，上体稍向右倾斜侧屈，身体重心落在右脚上，左臂向体前斜上方自然举起，眼睛看右斜下方。

3. 滑步（侧向）

背对投掷方向，持球贴近投掷圈的后沿站立，身体重心落在右脚掌上，左脚置于右脚跟后方 20～30 厘米处，以脚尖触地，维持身体平衡；运动员站稳后，从容地向前屈体，待上体屈至接近与地面平行时，屈膝下蹲，同时头部和左膝向右腿靠拢，完成团身；之后臀部主动后移，积极后摆左腿，充分利用“移、摆”产生的动力，完成右腿的滑步动作，随即左腿下放。

当做好侧向滑步推铅球预备姿势以后，左腿可做 2～3 次预摆。当最后一次预摆结束时，在左腿回摆的同时，右腿弯曲并降低身体重心，使身体成向右侧屈的半蹲姿势。当左脚回摆到靠近右脚时，要紧接着以左大腿带动小腿向投掷方向摆出。同时，右腿用力蹬伸，并利用这两个向前的力量带动髋部向投掷方向移动。当右腿充分蹬直后迅速收回小腿，前脚掌沿地面向投掷方向滑去。随着右脚落地的同时，左脚主动迅速地以前脚掌内侧着地。这时身体重心落在弯曲的右腿上，形成了有力的推铅球动作。

4. 最后用力和维持身体平衡

最后用力是从左腿落地到铅球出手，铅球出手的速度 80%是在此阶段获得的。最后用力时，右膝内压，右腿的侧蹬推动骨盆侧移，使躯干形成侧弓和左腿有力地支撑下，充分利用下肢蹬伸力量转髋转体，然后右胸前挺。当滑步即将结束时，左脚一触及地面右脚同时用力蹬地，右侧髋关节向投掷方向转动，上体迅速向投掷方向抬起，重心前移。当身体左侧移到与地面垂直的一瞬间，左肩固定，右腿迅速蹬直，上体和头部向投掷方向转动，右肩向投掷方向送出同时抬头挺胸。此时，右臂积极做推铅球动作并用手腕和手指的力量将球以 38～42 度的有效方向推出。右臂推铅球的同时，左臂由前摆向体侧制动。

铅球推出后，通常采用两腿交换并降低身体重心来减缓向前冲力，将右腿换至前面，并屈膝缓冲，将左腿后伸，降低其重心，改变重心移动方向，以便维持身体的平衡。

（二）技术介绍

铅球项目起源于古代人类用石块猎取禽兽或防御攻击的活动。现代推铅球始于 14 世纪 40 年代欧洲炮兵闲暇期间推掷炮弹的游戏和比赛，后逐渐形成体育运动项目。铅球的制作经历了用铁、铅以及外铁内铅的过程。正式比赛男子铅球的质量为 7.26 千克，直径 11～13 厘米；女子铅球的质量为 4 千克，直径为 9.5～11 厘米。早期推铅球没有固定的方式，可以原地推，也可以助跑推；可以单手推，也可以双手推；还出现过按体重分级别的比赛。最初采用原地推铅球技术，后逐渐发展到侧向推、上步侧向推。20 世纪 50 年代，美国运动员奥布赖恩发明背向滑步推铅球技术，该技术被称为“铅球史上的一场革命”。70 年代，苏联运动员巴雷什尼科夫发明旋转推铅球技术，由于旋转后难以控制身体平衡，至今只有极少数运动员使用。比赛时，运动员应在直径 2.135 米的圈内，用单手将球从肩上推出，铅球必须落在落地区角度线以内方为有效。男、女铅球分别于 1896 年和 1948 年被列为奥运会比赛项目。

（三）常见错误及纠正方法

1. 推铅球时手指，手腕用力不当

要求握球时手指有一定紧张程度；注意发展手指、手腕和力量；多用较轻的铅球进行练习，注意用力顺序。

2. 推铅球时肘关节下降，形成抛球

注意持球时手臂的动作，多做正面推球，要求肘关节上抬（不高于肩），滑步和开始推球时（抬体阶段），两眼仍看前下方。

3. 滑步距离太短

徒手或持球反复练习蹬摆动作结合；连续做拉收小腿的练习；在地上画出两脚落地标志，要求学生滑步后落在标志上。

4. 滑步时身体重心上下起伏大

滑步前身体重心先稍后移；左腿摆动时，要求触及后方（投掷方向）的标志物（标志物高度低于臀部）。

5. 滑步结束后不能保持投掷前的正确姿势，上体过早抬起，身体重心在两腿之间

徒手或持球连续做收腿动作；教师在学生右侧（稍后）拉住学生的左手，或在背后压住上体，进行滑步练习。

6. 滑步后停顿

背对投掷方向，两脚左右开立，两腿弯曲，上体前倾，然后左脚后撤一步，积极着地后，右脚快速蹬地；持球滑步后结合右腿蹬地动作；加强腿部力量训练。

7. 推球时用不上腰背肌肉和下肢力量，单纯用手臂的力量

学生做好预备推球姿势，教师在前面抵住学生的右手，或者是教师在后面拉住学生的右手，要学生反复做蹬腿、抬体动作；学生做好预备姿势，教师在后用左手压住学生左肩，结合学生做蹬腿时，用右手推右髋向投掷方向转动；原地（正面或侧面）推球，利用下肢和上体鞭打动作将球顺势推出。

8. 推球时臀部后坐

教师站在后面，两手扶在学生髋的两侧，推球时帮助转髋、送髋；徒手做最后用力练习，要求用右手触及前上方一定高度和远度的标志物。

9. 推球时身体向左侧倾倒

先将左臂屈肘固定于体侧，做原地推球；右侧正前方固定标志物，原地推球时（也可徒手）按标志方向推出；在地上画出两脚的位置，要求滑步后两脚落地标志上；背靠固定物体。徒手原地推球练习。

10. 推球时出手角度过低

在投掷前上方一定高度和远度处悬一标志物，要求推出的球触及标志物；推过一定高度和远度的横杆（横杆和标志物的高度和远度根据学生的成绩而定）。

二、铁饼

（一）学习步骤和练习方法

掷铁饼的技术动作分为握法、预备姿势和预摆、旋转、最后用力和维持身体平衡四个技术环节。

1. 握法（以右手投掷为例）

五指自然分开，拇指和手掌平靠铁饼，其余四指的最末指节扣住铁饼边沿，铁饼的重心在食指和中指之间，手腕微屈，铁饼的上沿靠在前臂上，持饼臂自然下垂于体侧。

2. 预备姿势和预摆

预备姿势：背对投掷方向，两脚左右开立约一肩半，站于圈内靠后沿处的投掷中线两侧。两脚平行开立或左脚稍后，持饼臂自然下垂于体侧，眼平视。

预摆是为了获得预先速度，为旋转创造有利条件。目前常见的预摆有两种。

左上右后摆饼法：开始时，持饼臂在体侧前后自然摆动，当铁饼摆到体后时，体重靠近右腿，接着以躯干带动持饼臂向左上方摆起，当铁饼摆到左上方时，左手在下托饼，体重靠近左腿，上体稍左转。回摆时，躯干带动持饼臂将铁饼摆到身体右后方，身体向右扭紧，体重处于右腿上，上体稍前倾，左臂自然微屈于胸前，眼平视，头随上体的转动而转动。

身体前后摆饼法：开始时，持饼臂在体侧前后自然摆动，当铁饼摆向体前左方时，手掌逐渐向上翻转，右肩稍前倾，体重靠近左腿。铁饼回摆到体后时，手掌逐渐翻转向下，体重由左向右移动，上体向右后方充分转动，使身体扭转拉紧。这种方法动作放松，幅度大。目前大多数优秀运动员都采用这种方法。

3. 旋转

预摆结束后，弯曲的右腿蹬地，上体向左转动，同时左膝外展，体重由右脚向边屈边转的左腿移动。接着两腿积极转动，并以左脚前脚掌为轴向投掷方向转动，身体向投掷方向倾斜，投掷臂在身后放松牵引铁饼。当左膝、左肩和头即将转向投掷方向时，右膝自然弯曲，以大腿发力带动整个腿绕左腿向投掷方向转扣（右脚离地不能过高），这时左髋低于右髋，身体成左侧单腿支撑旋转，接着以左脚蹬地的力量推动身体向投掷圈的中心移动，右腿、右髋继续转扣。当左脚蹬离地面，右腿带动右髋快速内转下压，左腿屈膝迅速向右腿靠拢，左肩内扣，上体收腹稍前倾。接着，左脚积极后摆，以脚掌的内侧着地，落在投掷圈中线左侧，圆圈前沿稍后的地方，身体处于最大限度的扭转拉紧状态，铁饼远远留在右后方，左臂自然微屈于胸前，为最后用力做好准备。

4. 最后用力和维持身体平衡

当左脚着地时，右脚继续蹬转，使右髋积极向投掷方向转动和前送。接着头向投掷方向转动，左臂微屈于胸前，胸部开始向前挺出，体重逐渐移向左腿。当体重移向左腿时，右腿继续蹬伸用力，以爆发式的快速用力向前挺胸挥饼。与此同时，左腿迅速用力蹬伸，左肩制动，成左侧支撑，使身体右侧迅速向前转动，将全身的力量集中在铁饼上，当铁饼挥至右肩同高并稍前时，用小指到食指依次用力拨饼出手，使铁饼顺时针方向转动向前飞行。铁饼出手后，应及时交换两腿，身体顺惯性左转，同时降低身体重心，维持身体平衡。

（二）技术介绍

铁饼项目起源于公元前12世纪至公元前8世纪古希腊人投掷石片的活动。公元前708年第18届古代奥运会列为五项全能项目之一。铁饼最初为盘形石块，后逐渐采用铜、铁等金属制作。现代奥运会史上，曾有过双手掷铁饼的比赛项目（左手＋右手）。掷铁饼技术经历过原地投、侧向原地投、侧向旋转投、背向旋转投几个发展过程。铁饼可用木料或其他适宜材料制作，男子铁饼质量2千克，直径22厘米；女子铁饼质量1千克，直径18.1厘米。铁饼比赛中，运动员应以单手投掷；进入投掷区开始投掷后，选手身体的任何一部分不得触及区外的地面、护笼和抵趾板的上面；投掷动作完成后，必须从投掷区半圆延长线的后面走出；每次试投的时间限制为1分钟；掷出的铁饼必须落在34.92度的扇形投掷区内方为有效。

（三）常见错误及纠正方法

1. 双腿支撑启动进入单腿支撑旋转阶段，身体失去平衡

（1）徒手双支撑进入单支撑的模仿练习，体会身体由右向左向圆心转动的路线及单支撑时身体的平衡感觉。

（2）徒手或持辅助器械做旋转至双脚着地成用力姿势的练习，重点体会双支撑进入单支撑身体平稳地转动与向前的结合。

2. 双腿支撑进入单腿支撑旋转阶段，上下肢的动作结构不合理

（1）徒手做开始起转练习，强调下肢的积极主动转动，特别是左腿的屈膝转动。

（2）徒手旋转至双腿支撑用力前姿势，重点体会左肩左臂向圆心做弧形摆动的路线，使左肩左臂与左腿左膝形成一体转动。

3. 旋转后两脚落地的位置过于偏左或偏右

多做开始起转的练习，重点要求两腿支撑转动的程度和右腿弧形摆动与左腿支撑转蹬的配合，在圈内使用标志进行检查。

4. 旋转后用力前，上体过早抬起使身体重心前移

（1）明确技术概念，多做徒手或持辅助器械旋转至用力前的姿势，强调旋转过程中始终保持半蹲收腹扭转。

（2）发展腿部和腰背腹肌力量。

5. 旋转后用力前髋轴与肩轴没有形成扭转拉紧的最后用力姿势，超越器械不明显

在教师帮助下，做徒手旋转练习，要求学生适当控制上体，让学生体会旋转过程中下肢积极主动，特别是单腿支撑的转动要求前脚掌支撑转动，不能用全脚掌着地。并且要求上体被动放松，投掷臂留在身后的肌肉感觉，并指出旋转后用力前铁饼应处的位置。

6. 旋转至右脚着地成单支撑阶段明显停顿或转不起来

（1）多做开始起转腾空后衔接单支撑的转动练习，要求低平摆动，防止高跳。

（2）多做单支撑转动的专门练习，要求学生做好单支撑转动阶段合理的身体结构，特别是重心、转动轴和左腿的积极后摆，体会单支撑转动的肌肉感觉。

7. 最后用力上体过早发力，没有发挥下肢转动用力的能力

(1) 双人对抗练习，使学生体会右腿右髋主动用力的肌肉感觉。

(2) 原地投，强调由下而上的用力顺序。

(3) 投掷辅助器械，强调最后用力前半部分下肢的积极用力作用与后半部分上体爆发式用力的配合动作感觉。

8. 最后用力向前不够

纠正方法：应徒手或持木棒做打树叶练习。

要求：

(1) 两脚开立宽于肩。

(2) 右腿右髋转动中推动身体重量靠近支撑的左腿。

(3) 手或木棒接触树叶的那一点即出手点。

(4) 胸带臂向前平打，不要提肩。

9. 最后用力向左侧倒

(1) 徒手或持辅助器械做最后用力模仿练习，重点强调左腿的支撑用力动作和左肩的制动动作。

(2) 初学者要求以“支撑投”动作类型为主，强调发挥支撑转动用力的作用。

以上仅是常见的易犯错误动作，由此而派生的错误动作多种多样，教师纠正时首先要分析错误产生的原因，根据学生的具体情况和教学条件，采用纠正的手段。一般应让学生先明确该环节技术的概念，采用单个的、局部动作的专门练习体会肌肉感觉，再要求在完整技术中能做出正确的动作，反复练习，达到改进动作的目的。

>>>知识视窗

国际黄金联赛

国际田联1998年起设立黄金联赛，旨在吸引世界最优秀的田径选手参加到比赛中。有道是“重赏之下必有勇夫”，自1998年以来，黄金联赛已经成为国际田联每年最重要的系列赛事，各项目的顶尖男女选手都在为50千克重的黄金奋力拼争。

2002年以前，只有夺得7站中5站以上单项冠军的选手才有资格分享50千克黄金，2001年有6人获此殊荣。国际田联在2002年提高了难度，规定只有赢得全部7站冠军的选手才能分享黄金，最终有4人获奖。2003年，国际田联缩小了比赛规模，取消了蒙特卡洛站，将7站赛事减少为6站，只有夺得全部6站冠军并参加了总决赛的选手才能分享黄金。

2003年的黄金联赛奖金提高为100万美元，设项为男子：100米、800米、110米栏、3000米/5000米、撑杆跳、标枪；女子：100米、800米、1500米、400米栏、三级跳远、跳高。

2004年的设项为男子：200米、800米、400米栏、1500米、三级跳远、铁饼；女子：100米、400米、100米栏、1500米、3000米/5000米、跳高。

2009年国际田联黄金联赛的最后一站布鲁塞尔站的赛事，除了博尔特以19秒57夺得200米冠军外，美国女子400米选手理查兹、俄罗斯女子撑杆跳选手伊辛巴耶娃和埃塞俄比亚男子5000米选手贝克勒在6站比赛中全胜，他们三人分享了当年黄金联赛的百万美元大奖。此届黄金联赛，伊辛巴耶娃等三人均分了50千克黄金，每人得到16.67千克的黄金，约值58.3万美元。可惜的是，2009年是最后一届黄金联赛，国际田联从下一年开始将黄金联赛改为钻石联赛，用钻石替代黄金奖励选手。每赛季单项积分最高者将奖励4克拉钻石，价值8万美元。

第三章　大球运动

学习目标

★掌握篮球运动的基本技术和战术；
★掌握足球运动的基本技术和战术；
★掌握排球运动的基本技术和战术；
★学会欣赏篮球运动、足球运动、排球运动。

第一节　篮球运动

篮球运动是在 1891 年由美国马萨诸塞州斯普林菲尔德市基督教青年会训练学校体育教师詹姆士·奈史密斯博士发明的。

篮球运动是将球投入对方球篮，以得分多少决定胜负的集体球类运动项目。它集跑、跳、投等运动于一身，具有较强的集体性、竞争性、对抗性；篮球运动能促进人体的速度、灵敏、力量、耐力、柔韧等身体素质的发展，能提高内脏器官、感觉器官和神经中枢的功能，能培养勇敢、机智、集体主义和组织纪律性等品质。它不受年龄、性别的限制，受场地因素影响较小，因此具有广泛性，深受广大群众的喜爱。

一、篮球运动基本技术

篮球运动技术是篮球比赛中为了一定目的的专门动作方法的总称，也是篮球运动攻守动作体系的总和。根据篮球比赛中攻守对抗的规律，可将篮球技术分为进攻技术和防守技术，其动作技术分类有如下八种。

（一）移动

移动是篮球比赛中队员为了改变位置、方向、速度和争取高度、空间等所采用的各种脚步动作方法的总称。它是完成各项技术动作的基础，也是实现篮球战术目的的重要因素。

移动有走、跑、跳、转身、急停、滑步等各种脚步动作。它们的动作结构主要是下肢各个环节以踝、膝、髋关节为轴的多个动作所组成，上肢加以配合的动作。特别是脚、腿、腰、胯的协调用力对控制和移动身体重心，保持身体平衡起着主动的支配作用。脚步动作都是通过脚前掌踏地、蹍地的用力或脚跟先着地的制动抵地来实现的。

（二）传球

传球的种类有双手胸前传球（图 3-1）、低手传球（图 3-2）、双手头上传球（图 3-

3）、单手肩上传球、体侧传球（图 3-4）和传反弹球等。不管是哪一种传球，都是由传球的动作方法、球的飞行路线和球传到的位置三个方面组成的。各种传球都是全身协调用力，最后通过手腕、手指动作完成的。特别是运用最多的中、近距离的传球，主要靠前臂的伸、摆和手腕、手指的用力将球传出。传球出手的瞬间靠手腕翻转、前屈和拨指的用力方法来控制球的飞行方向和距离。

图 3-1

图 3-2

图 3-3

图 3-4

（三）接球

接球有双手接胸部高度的球和单手接球两种（图 3-5）。不论是哪一种接球，都是在接球时眼睛要注视来球，肩臂要放松，手臂要迎球伸出，手指自然分开。当手指触球时，要屈肘、臂后引缓冲来球的力量，两手握球，保持身体平衡，以便做下一个动作。

图 3-5

（四）运球

运球的基本动作一般是两脚前后开立，两膝微屈，上体微前倾，眼睛平视。两腿弯曲的程度视其运球高低而定，高运球可屈得浅一些，低运球屈得深一些。运球的手臂肘关节弯曲，以肘关节为轴，前臂做上下伸屈动作；另一手臂屈肘外展，以便保护球和维持身体平衡。运球的手指自然张开，用手指和手指根部以上的部位触球（手心空出）。运球时，用伸前臂、屈手腕和手指的动作按拍球。当球从地面反弹起来时，用屈前臂、伸手腕和手指的动作缓冲球向上反弹的力量，以控制球的反弹高度、速度和角度。一般运球的落点应在运球手的同侧脚的外侧前方。

运球的方法有高运球（图 3-6）、低运球（图 3-7）、运球急停急起（图 3-8）、体侧变向换手运球（图 3-9）、体前变向运球、运球转身和胯下运球等。

图 3-6

图 3-7

图 3-8

图 3-9

（五）投篮

投篮是持球队员将球投入篮筐所采用的各种动作方法的总称。投篮技术包括握球方法、出手力量、出手速度、球的旋转、瞄准点、出手角度、抛物线与入篮角等方面。

1. 握球方法

单手握球方法（以原地单手肩上投篮为例）：投篮手五指自然分开，用手掌外沿和指根以上部位托球的后下方，手心空出，手腕后仰，球的重心落在食指和中指之间，肘关节自然下垂，置球于同侧肩的前上方。

双手握球方法（以原地双手胸前投篮为例）：两手手指自然分开，拇指相对成“八”字形，用指根以上部位握球的两侧后下方，手心空出，两臂自然屈肘，肘关节下垂，置球于胸前和下颚之间。

2. 出手力量

投篮时的力量是从投篮准备姿势开始，用下肢蹬地发力，腰腹用力向上伸展，手臂向前上方伸直，手腕前屈（或翻转），手指拨球的全身综合协调的力量将球投出。

3. 出手速度

出手速度是指投篮时球出手瞬间身体各部位的力经过手腕和手指的调节，作用于球体，得以使球离手向空中运行的初速度。合理的投篮速度取决于出手力量和手腕、手指动作的突然性、连贯性和柔韧性，对取得合理的出手速度起着关键作用。

通常出手角度小，出手点低，则出手速度快；反之则慢。另外，投篮距离与出手速度亦密切关联，投篮距离愈远，出手速度通常较快；反之则较慢。所以，投篮出手速度的应用，要立足于既提高出手角度，又提高出手速度。

4. 球的旋转

球的旋转是依靠伸臂举球、手腕前屈或翻转、手指拨球动作所产生的力作用于球体，使球产生一种有规律性的旋转。一般中、远距离投篮时，大都是使球围绕横轴向后旋转，这样等于加大球的飞行弧线，从而增大入射截面，有利于提高投篮命中率。而篮下低手投篮时，球围绕横轴向前旋转。篮下碰板投篮，球向侧旋转或向后旋转，它有利于缓和篮板的弹力，使球柔和地反弹入篮。

5. 瞄准点

投篮时眼睛注视篮圈或篮板的某一点。瞄准点有两种：一种是直接命中的瞄准点是篮圈前沿的正中点；第二种是碰板投篮的瞄准点是投篮时将球投向篮板上能够碰板入篮的一点。以投篮时与篮板成 15～45 度的位置时采用碰板投篮效果较好，以接近 30 度的地方最适宜。

6. 出手角度

通常，原地 6～8 米的中、远距离定位投篮，其出手角度为 50～55 度；3～5 米的中距离定位投篮，其出手角度约 70 度，然而投篮角度应因投篮人的身高和投篮距离的变化而决定出手角度（图 3-10）。

图 3-10

7. 抛物线与入篮角

通常 4 米距离的原地投篮，其抛物线的最高点离地 3.50 米为宜；5～6 米距离原地投篮抛物线的最高点离地面 3.80～4.20 米为宜；7 米处的原地投篮，其抛物线的最高点离地面应达 4.50 米以上。

(六) 持球突破

持球突破是持球队员运用合理的脚步动作与运球技术相结合，快速超越防守队员的一项攻击性很强的进攻技术，它主要由蹬跨、侧身探肩、推放球和加速等几个环节组成。

1. 蹬跨

突破时跨出的第一步要稍大些，抢占有利突破的位置。跨出的脚要落在紧靠对手的侧面，脚尖向着突破方向，以便第二步蹬地加速突破防守。

2. 侧身探肩

上体前移与侧身探肩同时进行，重心向里靠，内侧手臂前摆，迅速占据有利的空间和位置，便于突破对手和保护球。

3. 推放球

突破前，双手持球于腰胯部位，在侧身探肩的同时将球稍向侧前移，同侧手扶球的后上部位。另侧手托球的下部。突破时立即向前下方推放球，要做到球领人，以利于衔接下一个动作和发挥速度。

4. 加速

在完成上述动作之后，中枢脚迅速蹬地，加速前进摆脱防守。

(七) 防守对手

防守对手是防守队员合理地运用脚步移动和手臂动作积极地占据有利位置、阻挠和破坏对手的进攻意识和行动，并以争夺控制球权为目的。防守时务必积极主动、认真负责，把防守姿势、位置站法、脚步移动、手臂动作，以及抢、打、断球技术结合起来，加以合理运用。

防守对手有两种：对无球队员的防守和对有球队员的防守。

1. 防守无球队员

(1) 防守无球队员的基本要求

随时抢占人球兼顾的有利位置，做到内紧外松（近球者为紧，远球者为松）和松紧结合；要阻截对手的移动接球路线，封锁对方的传、接球路线，防止对手摆脱，要及时果断地进行协调配合。

(2) 防守无球队员的基本方法

防守队员要根据对手、球篮、球的位置和距离，以及对手的身高、速度、进攻特点、战术需要和防守队员的防守能力来选择防守位置和距离，要以能控制对手的行动为原则。防守离球较近的对手时，经常采用面向对手侧向球的斜前站立姿势，靠近对手的异侧脚在前，堵截对手摆脱移动的传、接球路线，伸前脚一侧的手臂，封锁接球的路线；防守离球较远的对手，经常采用面向球侧向对手的平行站立姿势，在防守住自己对手的基础上，便于断球或进行协同防守配合。防守时，防守队员要根据球和进攻队员的移动，运用上步、撤步、滑步、交叉步和快跑等脚步移动，随时抢占有利的防守位置，堵截其摆脱移动路线，不让对手在有利进攻的位置上传、接球。

2．防守有球队员

（1）防守有球队员的基本要求

要站在对手与球篮之间有利位置上。要观察判断对手的进攻意图，合理地运用防投、防传、防运球的技术，不要被对方的假动作所迷惑；要及时发现对方的进攻特点，采取有针对性的防守行动。

（2）防守有球队员的基本方法

当对手持球时，应站在对手与球篮之间的位置上。一般来讲，对手离球篮远则离对手远些，对手离球篮近则离对手近些，并根据对手的进攻技术特点，即善投、传、持球突破等，以及防守战术的需要而有所调整。一般从脚步动作来讲有两种站法防守：一种是平步防守（即两脚平行站立，两臂侧伸进行不停的挥动）；另一种是斜步防守（即采用两脚斜前站立的防守姿势，前脚同侧的手臂向斜上方伸出，另一手臂侧伸）。

（八）抢篮板球

抢篮板球是比赛中双方队员在空中争抢投篮未中的球，它主要是由抢占位置、起跳动作、抢球动作和抢球后的动作所组成。

1．抢占位置

无论进攻或防守队员，都应抢占在对方与篮之间靠近内线的位置，力争把对手挡在自己的身后。

2．起跳动作

起跳前两腿屈膝，重心降低，上体稍前倾，两臂稍屈并举于体侧，重心放在两脚之间，注意观察和判断球的方向，及时起跳。起跳时，两脚用力蹬地，两臂上摆，手臂向上伸展，腰腹协调用力。防守队员一般多采用转身跨步的双脚起跳的方法。进攻队员则多采用助跑单脚起跳或跨步双脚起跳的方法。

3．抢球动作

根据进攻和防守队员的位置及球的方向，可以分为双手、单手抢篮板球和点拨球三种。

（1）双手抢篮板球

起跳到最高点时，两臂用力伸向球反弹的方向，双手将球握紧，腰腹用力，迅速屈臂将球下拉置于身前。

（2）单手抢篮板球

身体在空中达到最高点时手臂要伸直，指端触球，用力屈腕、屈指迅速握球，前臂随之拉球置于胸前，另一手护球。

（3）点拨球

跳到最高点时也无法获球，可随机运用点拨球给同伴。

二、篮球运动基本战术

(一) 进攻战术基础配合

进攻战术基础配合是指在篮球比赛中，进攻队员两三人之间有目的、有组织的协同作战的配合方法。它是运动员在场上制造、捕捉或利用不同时机、不同人员位置、不同路线、不同动作、不同节奏，相互协同行动，相互配合，相互帮助，创造机会，以达到预定的攻防目的。它是组成全队攻守战术的基础。进攻基础配合包括传切配合、突分配合、掩护配合、策应配合。

1. 传切配合

传切配合是进攻队员之间利用传球和切入技术组成的简单配合。它包括“一传一切”和“空切”两种。

(1)“一传一切”配合

这是指持球队员传球后，利用启动速度和假动作摆脱防守，向篮下切入接回传球投篮的配合。

(2)“空切”配合

这是指无球队员掌握时机，摆脱对手，切向防守空隙区域接球投篮或其他进攻配合。

2. 突分配合

突分配合是持球队员突破对手后，遇到对方的补防或协防时，及时将球传给进攻时机最佳的同伴进行攻击的一种配合方法。

突分配合主要是突破要突然、快速，在突破过程中既要做好投篮的准备，又要随时注意观察场上攻守队员的位置和行动，以便抓住有利战机，及时、准确地把球传给有利进攻的同伴。

3. 掩护配合

掩护配合是掩护队员采用合理的行动，用身体动作挡住同伴防守者的移动路线，使同伴借以摆脱防守，或利用同伴的身体摆脱防守，从而接球进攻的一种配合方法。根据掩护者和同伴防守者的身体位置和方向的不同，可分为前掩护、侧掩护、后掩护三种形式。

前掩护是指掩护队员站在同伴的防守者前面，用身体挡住防守者向前移动的路线，使同伴借机摆脱防守的一种配合方法。

后掩护是掩护队员站在同伴的防守者身后，挡住他的移动路线，使同伴借以摆脱防守的一种配合方法。

侧掩护是掩护队员站在同伴的防守者侧面，挡住他的移动路线，使同伴借以摆脱防守的一种配合方法。

4. 策应配合

策应配合是指处于内线的队员侧向或背向球篮接球，由他做枢纽，与外线队员配合而形成的一种里应外合的进攻方法。

策应配合主要是策应者要及时抢位要球，接球后，两手持球于胸前，两肘外展保护球。策应者如果身材高大，也可把球置于头上，要随时观察场上情况，以便及时把球传给处于最有利位置的同伴，同时注意自己的进攻机会，根据攻防情况，处理好内外结合的关系。在策应时，要用转身、跨步等动作协助同伴摆脱防守或个人进行攻击。配合队员要根据策应者的位置，及时把球传到远离防守的一侧，做到人到球到，并设法摆脱防守，准备接球。配合结束（投篮）后，两人立即跟进抢篮板球。

（二）防守战术基础配合

1. 抢过配合

抢过配合是指对方进行掩护时，防守队员在掩护队员接近自己的一瞬间，要迅速向前跨出一步，靠近对手，从两个进攻队员之间侧身挤过，继续防守自己的对手。防守掩护的队员应及早提醒同伴并后撤一步，以备补防。

2. 穿过配合

穿过配合是指当对方进行掩护时，掩护者的队员及时提醒同伴并主动后撤一步，让同伴及时从自己和掩护队员之间穿过，继续防守自己的对手。

3. 交换防守配合

交换防守配合是指进攻队员利用掩护已经摆脱防守时，防掩护的队员及时发出换防的信号，与同伴互换各自的对手。在适当时候再换防原来的对手。

4. “关门”配合

“关门”配合是指进攻队员运球突破时，防守突破的队员向侧后方移动挡住其移动路线，临近突破一侧的防守队员，应及时快速向突破队员的前进方向移动，与突破的队员靠拢，通常在区域联防和半场人盯人防守战术中运用。

5. 夹击配合

夹击配合是两个以上防守队员利用对手在场地边角运球或运球停止时，突然快速上前封堵和围夹持球者的一种防守配合方法。

（三）快攻与防快攻

快攻是由防守转入进攻时，进攻队以最快的速度将球推进至前场，争取造成人数上和位置上的优势与主动，果断合理进行攻击的一种进攻战术。

1. 发动攻击的时机

（1）抢到后场篮板球之后，迅速发动快攻。

（2）抢、断得球之后，迅速发动快攻。

（3）掷界外球时，力争发动快攻。

（4）跳球时获球，迅速发动快攻。

2. 快攻战术的形式

（1）长传快攻。长传快攻是队员在后场获得球后，用一次或两次将球传给快下底线的同伴进行投篮的一种配合方法。

（2）短传快攻。短传快攻是防守队员获得球后，立即以快速的短传和快速的跑动获得投篮机会的一种配合方法。

（3）个人运球突破快攻。个人运球突破快攻是指个人抢断或抢篮板后，运用个人运球技术超越对手直攻篮下的一种形式。

3. 防守快攻的方法

防守快攻是防守战术的重要组成部分。它是进攻转入防守的瞬间，快速地、有组织地制约对手的反击速度和破坏对手快攻路线的配合方法。

（1）提高进攻成功率。

（2）积极拼抢前场篮板球。

（3）堵截快攻的第一传和接应。

（4）控制对手推进。

（5）提高对手以少防多的能力。

（四）半场人盯人防守与进攻半场人盯人防守

1. 半场人盯人防守

半场人盯人防守总的要求是“以人为主，人球兼顾”和“有球紧，无球松”。要全面观察场上情况，抢占有利位置，积极移动，控制对手行动，随时掌握球的动向，准备及时补、夹、抢、断。对方球员接球时，应运用小步幅跑动或滑步调整防守位置，有效控制一定范围。

2. 进攻半场人盯人防守

进攻半场人盯人防守的特点是由攻转防时，放弃在前场的积极争夺，迅速退回后场防守。这样在进攻时就能将球顺利地推进前场，这样就能按照战术配合，利用对方的弱点，进行有组织、有步骤的进攻。因此在进攻中，就应根据本队的条件，特别是中锋的特点、站位以及所选择的战术方法来确定进攻队形。

（五）区域联防

区域联防是由攻转守时，每个队员各守一个区域，并守住处于本区的任何进攻队员而组织起来的防守战术。

1. 区域联防的阵型介绍

区域联防有“2—1—2”“2—3”阵型、“3—2”阵型、“1—3—1”阵型、“2—1—2”阵型等形式。以“2—1—2”阵型为例，此阵型队员分布均衡，移动距离近，有利于协防和调整阵型，主要用于正面突破和篮下进攻威力较大的对手，但防守篮顶的投篮较困难。

2. 区域联防的要求

(1) 区域联防要联合起来进行防守，5名队员必须协同一致，做到分区不分家，特别是共管区要共同防守。

(2) 对持球队员要按人盯人方法防守，重点阻止对方投篮和把球传入内线。

(3) 对运球队员要跟随防守，邻区队员要“关门”协防，阻止其运球突破篮下，迫使其将球传出。

(4) 对无球队员要注意防背插和溜底，设法卡断其移动接球路线，特别注意对居中策应的进攻队员的防守。一般应采用侧前或绕前方法进行防守，不能让其轻易接球。对空插溜底队员一定要紧跟防守，直到交给邻区的同伴为止。在特殊情况下可以跟踪盯人，其他同伴进行补位或换区防守。

(5) 5名防守队员必须协同一致，及时向有球一侧移动，做到“以球为主，球人兼顾”。无球一侧防守队员在向强侧靠拢的同时，要控制本区和附近区域进攻队员的活动。

(6) 在防守过程中，每个队员都应扬手挥臂，积极移动，扩大控制面积，尤其要相互呼应，中间的防守队员更要起到指挥作用。

(7) 当进攻队投篮后，每个防守队员都要堵位和抢位，有组织地争夺篮板球，及时地发动快攻。

第二节 足球运动

现代足球运动于1863年10月26日诞生于英国。根据足球运动发展的需要，1904年5月21日，由法国、比利时、丹麦、荷兰、西班牙、瑞典、瑞士7个国家共同创立了国际足球联合会，简称国际足联，英文缩写为“FIFA”。2004年7月15日，国际足联主席布拉特在北京举行的中国国际足球博览会开幕式上宣布，中国是足球运动的发源地，世界足球起源于中国山东省淄博市临淄地区的蹴鞠。

参加足球运动锻炼，能有效地提高人体的力量、速度、耐力、柔韧及灵敏等身体素质，增强人体的心血管及呼吸系统等内脏的功能，并能改善人的高级神经活动，还能有效地发展人的意志力、自制力、责任感，培养人的勇敢顽强、机智果断、勇于克服困难、团结合作、集体荣誉感及遵守纪律等思想品质。

一、足球运动基本技术

足球运动技术包括踢球、停球、顶球、运球与运球过人、抢截球、假动作、掷界外球、传球、射门和守门员技术。

(一)踢球

踢球是足球技术中最重要的基本技术，在比赛或健身运动中用得最多。踢球时，要求动作熟练、灵活、快速、准确，用力要适当。踢球主要用于传球和射门，是有目的地用脚的某一部位把球踢向预定的目标。

1. 踢球的动作过程要领

踢球的每一种踢法都是由助跑、支持脚的站位、踢球腿的摆动、脚触球和踢球后的随前动作这5个环节组成，这5个环节是整个踢球动作的统一过程。

(1)助跑

踢球前的几步跑动，助跑最后一步要大一些，助跑分直线与斜线助跑。助跑的作用在于调整人与球的方向、距离，以便在踢球时使支撑脚能够处于所需要的正确位置，从而增加球的速度和力量。

(2)支持脚的站位

支持脚的位置一般是由所使用的踢球方法（脚法）来决定。凡采用的踢法需要踏在球侧后方的，一般距离球25～30厘米。踢活球时，更要掌握好支持脚的位置。如追踢向前滚动的球时，支持脚落地的位置要稍靠前，这样才能与球保持合适的距离，支持脚要积极踏地以制动身体的前冲力量。膝关节要微屈，以维持身体的平衡，保证充分的摆腿和自如地踢球。因此，支持脚实际上起着固定支点的作用。

(3)踢球腿的摆动

踢球腿的摆动是在支持腿跨步时（助跑最后一步）顺势向后摆起的。在支持脚着地的同时以髋关节为轴，大腿带动小腿由后向前摆。当膝盖摆到接近球的垂直上方的一刹那或球内侧的垂直上方一刹那小腿加速前摆。

(4)脚触球

脚触球包括脚触球的部位和出球点两个因素。触球是指脚内侧、脚背外侧等，出球点是指出球的某一点，如中后部、后左部等。一般说来，用脚的某一部位击球的后中部，作用力通过球的中心，使球获得全部力量，出球平直有力。

在现代足球比赛中，为了隐蔽自己的踢球意图，已广泛地采用了削球，这种方法可使球沿弧线运动穿过防守。削球就是出球时球的作用力不通过球的中心，使球产生旋转，并沿着一定弧线运行。在某种情况下，这种球比踢出的直线球具有一定的隐蔽性。

(5)踢球后的随前动作

踢球后随着脚的前摆和送髋，使身体重心向前移动。这样易于控制出球方向和加大踢球力量，又能缓和因踢球腿急速前摆而产生的前冲惯性，以维持身体平衡。

2. 踢球方法

踢球的方法有脚内侧踢球、脚背正面踢球、脚背内侧踢球、脚背外侧踢球和脚跟踢球。

（1）脚内侧踢球方法

它是用脚内侧部位接触球的一种踢球方法。常用的有脚内侧踢定位球和直接踢来的地滚球、空中球，以及蹭球。踢定位球时，直线助跑，支持脚踏在球的侧后方 15 厘米处，膝盖微屈，踢球脚以髋关节为轴由后向前摆。在前摆过程中，膝盖应外转，踢球脚内侧与出球方向约 90 度，脚尖稍翘起，小腿加速前摆，脚掌与地面平行，脚腕用力绷紧，用脚内侧部位击球的后中部位（图 3-11）。

图 3-11

脚内侧踢球在球与脚接触过程中有两种方法：一是推送踢法，另一种是敲击踢法。

（2）脚背正面踢球方法

它是用脚背的正面部位接触球的一种踢球方法。常用的有脚背正面踢定位球、空中球、反弹球和倒勾球等。踢定位球时，直线助跑，最后一步稍大并要积极着地，支持脚踏在球的侧方 10～15 厘米处，脚尖正对出球方向，膝关节微屈，同时踢球腿向后摆起，膝弯曲。在支持脚着地的同时以髋关节为轴，大腿带动小腿由后向前摆。当膝盖摆在接近球的垂直上方的一刹那，小腿加速前摆，脚背绷直，脚趾扣紧，以脚背的正面击球的后中部。踢球后，踢球腿随球继续前摆（图 3-12）。

图 3-12

踢反弹球时，要准确判断球的落点、落地时间和反弹起来的路线与高度。身体正对来球反弹起来的方向，支持脚踏在球的侧方。当球将要落地时，踢球腿小腿急速前摆，在球刚反弹离地时以脚背正面击球的后中部。

踢倒勾球时，支持脚先向前跨一步，膝部弯曲，上体后仰，踢球腿以髋关节为轴尽量向上方摆动。当球落在头的前上方时，用正脚背向后勾踢。跳起踢倒勾球时，先判断好球的运行路线并确定好击球点，然后踢球脚上步蹬地起跳，同时另一条腿上摆使身体腾空后仰，两眼始终注视来球。在另一条腿下摆的同时，踢球腿以大腿带动小腿急速摆动，两腿在空中成剪式交叉动作，以脚背正面踢球的后中部。踢球后，两臂微屈，手掌向下撑地，手指向出球的相反方向，屈肘，然后背部、臀部依次着地。

（3）脚背内侧踢球方法

它是用脚背的内侧部位接触球的一种踢球方法。常用的有脚背内侧踢定位球、过顶球、远距离或进行转身踢球。踢定位球时，要斜线助跑，助跑方向与出球方向约成45度。支持脚以脚掌外沿积极着地，踏在球侧后方25～30厘米处，膝弯曲，支持脚脚尖指向出球方向，并踏在球的横轴的延长线上，身体稍向支持脚一侧倾斜。在支持脚着地的同时，踢球腿以髋关节为轴大腿带动小腿由后向前摆。当身体转向出球方向，膝盖摆到接近球的内侧垂直上方的一刹那，小腿加速前摆，脚尖稍外转，脚面绷直，脚趾扣紧，脚尖指向斜下方，以脚背内侧踢球的后中部。踢球后，踢球腿随前摆（图3-13）。

图 3-13

（4）脚背外侧踢球方法

它是用脚背外侧部位接触球的踢球方法。常用的有脚背外侧踢定位球、弧线球、弹拨球等。

踢定位球时，助跑、支持脚的位置和踢球腿的摆动，基本上与脚背正面踢球相同。只是用脚背外侧接触球，在踢球腿的膝盖摆到接近球的垂直上方的一刹那，小腿加速前摆时膝盖和脚尖内转，脚面绷直，脚趾扣紧，以脚外侧部位踢球的后中部。踢球后，踢球腿随球继续前摆（图3-14）。

图 3-14

（5）脚跟踢球方法

它是用脚跟部位将球踢到身后面的踢球方法。要根据球的位置采用不同的位置和不同的踢法。球在支持脚内侧时，踢球腿自然提前跨到球的前方，然后以膝关节为轴，小腿突然快速后摆，踝关节紧张用力，以脚后跟触球的前中部，把球向后踢出。球在支持脚外侧时，踢球腿先自然前摆。当摆过支持脚时，立即向支持脚一侧成交叉动作后摆，踝关节紧张用力，以脚后跟触球的前中部把球向后踢出。

（二）停球

停球的方法很多，几乎身体每一个部位都能停球。停球又分为停地滚球、空中球和反弹球。一般常用的停球方法有脚内侧停球、脚底停球、脚外侧停球、胸部停球、脚背停球、大腿停球等。

1. 脚内侧停球

可以用来停地滚球、反弹球和空中球。脚内侧停地滚球时，支持脚正对来球。膝关节微屈。停球腿屈膝外转并前迎。当球与脚接触前的一刹那开始后撤，在后撤过程中用脚内侧接触球，把球控制在下一个动作所需的位置上。如需要将球停到自己的侧后方，在停球脚撤到支持脚的侧方时，再继续以髋关节外转和腿后引的动作将球引向侧后方，同时以支持脚前掌为轴使身体转向出球方向（图 3-15）。

图 3-15

脚内侧停反弹球时，支持脚踏在球的落点的侧前方，膝关节弯曲，上体稍前倾并向停球脚方向微转，同时停球脚提起，并放松，用脚内侧对准球的反弹路线，当球落地反弹刚离地时，用脚内侧触球的中上部。如果要把球停向左侧，支持脚应踏在球落点的左侧方。脚尖指向左侧，同时上体向左侧前倾。

脚内侧停空中球时，一种方法是根据来球的高度将停球脚举起，脚内侧对准来球路线，在脚与球接触的一刹那开始后撤，在后撤过程中用脚内侧接触球，把球控制在衔接下一个动作需要的位置上；另一种方法是将脚提起稍高于选择的停球点，在脚与球接触前的一刹那开始下切，在下切过程中用脚内侧切于球侧上部，将球停在地面。

2. 脚底停球

在比赛中常用于停地滚球和反弹球。脚底停地滚球时，支持脚站在球的侧后方，膝关节微屈，脚尖正对来球，同时将停球脚提起，膝关节自然弯曲，脚尖翘起高过脚跟，踝关节放松，用脚前掌触球的中上部。脚底停反弹球时，支持脚踏在球落点的侧后方。当球落地一刹那，用脚前掌对准球的反弹路线，触球的中上部（图 3-16）。

图 3-16

3. 脚外侧停球

一般可用脚外侧停地滚球和反弹球。脚外侧停地滚球时，停球脚稍提起，膝关节和脚内转，以脚外侧对正来球，在支持脚的前侧接触球的侧后方。接触球时，要向停球脚方向一侧轻拨，把球停在侧方或侧后方。脚外侧停反弹球时，身体侧对来球，支持脚的膝关节微屈，停球脚在支持脚前方稍提起，脚内翻，使停球腿的小腿与地面成一定角度，并放松。当球反弹离地时，用脚外侧触球的侧上部，把球停在体侧（图 3-17）。

图 3-17

4. 胸部停球

胸部面积大、有弹性、位置高，能停高球和空中平球。胸部停球有缩胸停球和挺胸停球两种方法。缩胸停球时，一般面对来球，两脚前后开立，两臂自然张开，挺胸迎球。当球运行到与胸部接触的前一刹那，迅速缩胸、收腹，以缓冲来球力量，把球停在身前。如要把球停向左（右）侧时，则在接触球的同时，向左（右）侧转体，并用同侧胸部肌肉触球。挺胸停球时，面对来球，两脚前后开立，两膝微屈，当球运行到与胸部接触前的一刹那，收下颚，挺胸、收腹。胸部接触球时，上体稍后仰以缓冲来球力量，使球弹起落于身前（图 3-18）。

图 3-18

5. 脚背停球

停球脚提起近球，以脚背正面对准下落的球。在脚背与球接触前的一刹那开始下撤，在下撤过程中用脚背正面接触球的底部，小腿和踝关节放松，使球落在体前适当的位置上。另一种方法的动作较小，仅将脚稍伸出迎球。在球与脚接触的一刹那，停球脚的踝关节放松撤引，以缓冲来球力量（图 3-19）。

图 3-19

6. 大腿停球

大腿停球一般适用于弧度较大的高空下落球，或平行于大腿高度的来球。

面对来球，停球腿以大腿中部对准来球，动作适当放松，屈膝稍前迎。当大腿与球接触的一刹那，随球后撤，使球落在地面和衔接下一个动作的位置上（图3-20）。

图 3-20

7. 腹部停球

在快速跑动中遇到较高的落地反弹球时，为了争取时间和不降低跑的速度，可以用腹部停球。

腹部停球时，身体正对球前跑，当球落地反弹与腹部接触时，腹部前挺推球。或上体前屈推压，使球落在体前地面衔接下一个动作需要的位置上（图 3-21）。

图 3-21

（三）顶球

头顶球的方法分为前额正面顶球和前额侧面顶球，这两个部位都可以做原地跳起和鱼跃顶球。

1. 前额正面顶球

原地顶球时，身体正对来球，两脚前后开立，膝关节微屈，上体后仰，重心放在后脚上，两臂自然张开，两眼注视来球。当球运行到身体垂直部位前的一刹那，后脚用力蹬地、收腹，迅速向前屈体，身体重心由后脚移到前脚，当球运行到身体垂直部位顶球时，颈部保持紧张，快速甩头，用前额正面顶球的后中部，然后上体随球继续前摆（图 3-22）。

图 3-22

跳起顶球时，原地双脚起跳，两腿弯曲，重心下降，然后两脚用力蹬地跳起，同时两臂屈肘上摆。在跳起上升过程中，上体后仰成弓形。当球运行到身体的垂直部位前的一刹那收腹，上体快速前屈、甩头，用前额正面将球顶出。顶球后，两腿同时自然屈膝、屈踝缓冲落地。

2. 前额侧面顶球

原地前额侧面顶球，两脚前后开立，两膝微屈，上体和头部向出球方向的异侧稍转动，身体重心放在后脚上，膝微屈，两臂自然张开，两眼注视来球。头部触球时，后脚用力蹬地，上体迅速向来球方向扭转，同时甩头。当球运行到与出球方向同侧肩的前上方时，用前额侧部位击球的后中部（图 3-23）。

图 3-23

跳起前额侧面顶球时，一般用单脚起跳。起跳动作与前额正面顶球的单脚起跳动作相同。在跳起上升过程中，上体侧屈，侧对来球。在跳到最高点顶球时，急速转体，甩头，用前额侧面将球顶出后，两膝微屈以缓冲落地力量。

3. 鱼跃顶球

对离身体较远的平直球，为了争取时间射门或解救门前危急，可以运用鱼跃头顶球的技术。

鱼跃头顶球时，要判断来球的路线和选择好顶球点，以单脚或双脚用力蹬地，身体呈水平状态向前跃出，同时两臂微屈稍前伸，两眼注视来球，利用身体向前跃起的冲力，以前额正面顶球。顶球时，身体成反弓形，两手着地，两臂屈肘，接着以胸部、腹部和大腿依次缓冲落地（图 3-24）。

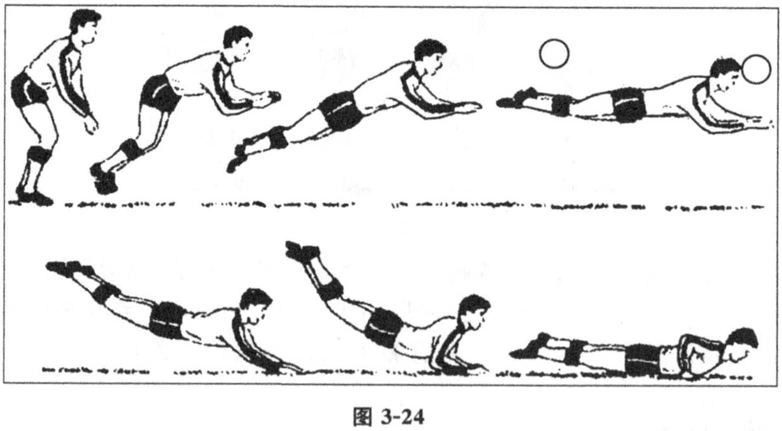

图 3-24

（四）运球与运球过人

运球是用脚推拨球，过人是运球越过防守人。常用的运球方法有脚背正面运球、脚背外侧运球、脚背内侧运球和脚内侧运球。

1. 脚背正面运球

跑动时，身体自然放松，上体稍前倾，两臂自然摆动，步幅不要过大。运球脚提起时，膝关节稍弯曲，脚跟提起，脚尖下指。在迈步前伸着地前，用脚背正面推拨球前进。

2. 脚背外侧运球

多在快速奔跑和向外改变方向时使用。跑动时，身体自然放松，上体前倾，两臂自然摆动，步幅小些，运球脚提起时，膝关节弯曲，脚跟提起，脚尖稍内转。在迈步前伸着地前，用脚背外侧推拨球前进（图 3-25）。

图 3-25

3. 脚背内侧运球

多在改变方向并需要用身体掩护的情况下使用。跑动时，身体自然放松，步幅要小些，上体稍前倾并稍向运球方向转动。运球脚提起时，膝关节稍弯曲，脚跟提起，脚尖稍外转，在迈步前伸着地前用脚背内侧推拨球前进。

4. 脚内侧运球

脚内侧运球是在需要用身体掩护情况下使用。运球时，支持脚向前跨出一步，踏在球的前侧方，膝关节稍弯曲，上体前倾并向里转。随着身体的向前移动，运球脚提起，用脚内侧推球的后中部前进。

在改变方向运球时，经常是用两只脚交替推拨球。例如，用右脚脚背外侧直线运球需要改向左侧运球时，就得用脚背内侧扣拨球的前侧方，或用左脚脚背外侧向左拨球，使球变向左侧（图 3-26）。

图 3-26

5. 运球过人的动作方法

在比赛中，运球过人的动作方法有拨球、拉球、扣球、挑球、推球和捅球（图 3-27）。

图 3-27

（五）抢截球

抢截球的方法包括正面抢截、侧面合理冲撞抢截和侧后铲球三种。

1. 正面抢截球

这是控制对方队员从正面运球前进时采用的方法。正面抢截有正面跨步抢截球和正面铲球（图 3-28）。

图 3-28

2. 侧面合理冲撞抢截球

当与对手并肩跑动时，身体重心稍下降，同对方接触一侧的臂要紧贴身体。当对方靠近自己一侧的脚离地时，用肘关节以上部位冲撞对方相应部分，使对方失去平衡而离开球，乘机将球控制过来。

3. 侧后铲球

有同侧脚和异侧脚铲球两种方法。同侧脚铲球方法以脚外侧沿地面向前外侧滑出，用脚背或脚尖将球踢或捅出。然后小腿外侧、大腿外侧和臀部依次着地。异侧脚铲球方法是当控球者拨出球的一刹那，抢球者后脚（同侧脚）用力后蹬成跨步，前脚（异侧脚）以脚外侧沿地面向前内侧滑出，用脚底将球蹬出来，然后小腿外侧、大腿外侧和臀部依次着地（图 3-29）。

图 3-29

（六）假动作

在比赛中，为了摆脱对方的阻挠，突破对方的防守，抢夺对手的球或破坏对方对球的控制，经常采用一些假动作，大致可分为有球或无球的假动作两类。无球假动作有改变速度的假动作、改变方向的假动作、抢截假动作（图 3-30）；有球假动作有传球假动作、停球假动作、过人假动作（图 3-31）、假动作停球、顶球改为停球的假动作（图 3-32）和顶球假动作。

图 3-30

图 3-31

图 3-32

（七）掷界外球

掷界外球有原地和助跑掷界外球两种。

1. 原地掷界外球

面对出球方向，两脚前后或左右开立，膝关节弯曲，上体后仰成背弓，重心移到后脚上，两手自然张开，拇指相对，持球的侧后部，屈肘将球置于头后。掷球时，后脚用力蹬地，收腹屈体，同时两臂急速前摆。当球摆到头上时用力甩腕将球掷入场内。掷球时，后脚可沿地面向前滑动，两脚均不得离地或踏入场内，但允许踏在线上（图 3-33）。

图 3-33

2. 助跑掷界外球

双手持球于胸前。在助跑迈出最后一步时，上体后仰成背弓，同时将球上举到头上，之后掷球时的动作与原地掷界外球动作相同。

（八）传球

传球是组织进攻、变换战术和创造射门机会的有效手段，也是踢球技术在集体配合中的实际运用。通过传球，使足球比赛成为一种集体性的运动项目，按距离可分为长传与短传边球；按方向有平行线的直线传球、平行于端线的横线传球和与边线成一定角度的斜线传球、向后传送的回传球等等。在一场比赛中，一个队传球可高达 350 次，有的队员一个人要传球 60 多次。据有关数据统计，传球以脚内侧传球用得最多，占总传球次数的 49.2%；脚背内侧传球次之，约占总传球次数的 21%，各种传球的技术与同类踢球技术相同。

（九）射门

掌握时机，用各种脚法把球踢向对方球门，是一切战术配合的最终目的，也是比赛胜负的关键。射门有远、近不同距离的射门及大、小不同角度的射门和不同来球方向的射门，踢不同状态球的射门、人与球门不同方向的射门等。

射门时要求冷静、机智、果断、快速、准确、有力和隐蔽。

（十）守门员技术

守门员是全队的最后一道防线，他的主要任务是阻止对方将球射入本队球门内。守门员要善于观察全局，起到协助指挥全队防守和进攻的作用，并且随时注意比赛发展情况，力争扩大自己罚球区内的防守范围，以便尽早截获对方的各种来球，并快速及时地把球传到有利进攻的位置上，组织发动进攻。

守门员技术有位置选择、准备姿势、移动、接球、扑球、拳击球和托球、掷球和抛踢球等。

1. 位置选择

守门员为了守住球门，首先要选择正确合理的位置。位置的选择应根据对方的射门地点和射门角度来决定，一般情况下，应站在两球门柱与射门时球所处的位置所形成的分角线上。当对方近门时，守门员可靠前一些，这样可以缩小射门角度；在对方远射门时，可适当前移，但要防备对方吊球进门；当球向中场或前场发展时，守门员前移到球门区线附近，并根据球的发展及时调整自己的位置；当对方在中场直传插入突破时，守门员应抓好时机及时出来截球。

2. 准备姿势

两脚左右开立与肩同宽。两膝自然弯曲并稍内扣，脚跟稍提起，身体重心落在前脚掌上，上体稍前倾。两臂于体前自然屈肘，两手五指自然张开，掌心相对，两眼注视来球（图 3-34）。

图 3-34

3. 移动

守门员为了更好地堵截和接住对方的传球和射门，必须根据对方射门前球和人的位置变化而相应调整自己的位置，向左右调整位置的移动，一般采用侧滑步和交叉步。

侧滑步移动：当对方向球门两侧射低平球时，守门员身体正对来球，两眼注视来球。方法是向左（右）侧滑步，先用右（左）脚用力蹬地，左（右）脚稍离地面并向左（右）滑步，右（左）脚快速跟上。

交叉步移动：接两侧高球或扑接球时，守门员为了便于蹬地跃起，多采用交叉步。例如向左（右）侧做交叉步移动时身体先向左（右）侧倾斜，同时右（左）侧用力蹬地，并快速向左（右）前方跨出一步成交叉步。然后左（右）脚向左（右）侧移动，右（左）脚和左（右）脚依次快速移动，并蹬地跃出。

4. 接球

接球是守门员主要技术，包括接地滚球、平直球、高球等。接地滚球有直腿式和单腿跪撑式（图 3-35）两种方法。其动作方法是：两腿靠拢体前屈，掌心向前指触地，手接球后撤臂，卷臂抱球跑出去。接平直球可分为低于胸部和平于胸部两种球。主要是伸臂迎球，后引抱紧。接高球需要在移动后迅速跃起，用双手接住球顺势抱于胸前。

图 3-35

5. 扑球

守门员来不及用其他接球动作时，常采用扑球动作把球接住。扑球有扑两侧的低球、跃起扑侧面地滚球和扑侧面平高球（图 3-36）。

图 3-36

6. 拳击球和托球

在守门员没有把握接住球或有对方猛烈冲击球门的情况下，为了避免接球脱手，可采用拳击球。拳击球有单拳和双拳击球两种方法。

托球主要在来球弧度较大，其落点又在球门横梁附近，守门员起跳接球把握性不大时运用。跳起托球时，手臂快速上伸，掌心向上，用手掌前部触球，将球稍往后上方托起使球越横梁上方而过。

7. 掷球

为了争取时间组织快速反击，守门员经常把获得的球用手掷给同队队员。掷球有单手肩上掷球、单手低手掷球和勾掷球等方法。

8. 抛踢球

它是守门员把获得的球直接传给远离自己的同队队员的技术动作。抛踢球有踢自抛下落空中球和踢自抛的反弹球两种方法。

二、足球运动基本战术

足球运动是一项对抗性的运动项目，它是由进攻和防守这对矛盾所组成的，足球战术是指比赛双方为了充分发挥个人与集体的特长，进攻对方弱点，取得比赛胜利所采用的手段和方法。根据攻防的基本特点，足球战术可分为比赛阵型、集体进攻战术、全队进攻战术和定位球战术四大部分。

（一）比赛阵型

比赛阵型就是为了适应攻守战术的需要，全体队员在场上的攻守力量搭配、职责分工及位置排列。它是根据攻守需要而产生和发展的。现代足球比较流行的阵型有：四四二、四三三、三五二、五三二等，以及有些国家采用连锁式、水泥式等。

（二）集体进攻战术

集体进攻战术是指两个或两个以上队员在比赛中为了完成全队攻防任务而采用的局部协同作战的配合方法，它包括“二过一”战术配合、“三过二”战术配合等进攻战术。

1. “二过一”战术配合

“二过一”是两个进攻队员，通过传球配合突破一个防守队员。“二过一”是集体配合的基础，可以在任何场区、任何位置上运用这种方法来摆脱对方的抢截或突破防线。

2. “三过二”战术配合

“三过二”是在比赛中局部地区三个进攻队员通过连续配合突破两个防守者的防守。由于这种配合有两个同队队员可以同时接应传球，因此使持球人传球路线更多，且进攻面扩大。

（三）全队进攻战术

全队进攻战术是指比赛中一方获得球后，通过队员之间的传递配合达到射门的目的而采用的配合方法。与局部进攻战术相比较，全队进攻战术的进攻面比较广，有边路进攻、中路进攻和快速反击等。

1. 边路进攻

利用球场两侧地区发起进攻的方法叫边路进攻。边路进攻是全队进攻战术的主要形式之一，其主要特点是有利于发挥进攻速度，打破对方防线制造缺口。

2. 中路进攻

中路进攻是利用球场中间区域组织的进攻，这种进攻虽能直接射门，但难度最大，因中路防守最为严密，前面的攻击手必须是反应极其敏锐、意识强、技术高、敢于冒险、速度快和善于路位策应的队员。

3. 快速反击

比赛中当攻方进攻时，后卫线往往压至中场附近，防守人数也由于插上进攻和助攻而相对减少，此时如能抓住对方防区空隙较大和回防较慢的机会，乘其失球发动快速反击，往往能取得良好的效果。

快速反击是最有威胁的进攻手段，有效地进攻在于突然快速地反击，但其难度较大，既要冒险，又要有准确、快速的传切配合技能。快速反击要有组织，配合得要极为默契，必须进行专门的训练，否则很难在比赛中实施。

（四）定位球战术

定位球战术是指比赛成死球时采用的攻守战术方法，包括球门球、中圈开球、界外球、角球、任意球、点球。

定位球在比赛中的地位极为重要，它已成为决定比赛胜负的重要组成部分，尤其在势均力敌的比赛中，关键的获胜进球常是定位球。此外，定位球以其特定的优势：在规定的 9.15 米内没有对手阻碍，可投入较多队员在预定的位置上进攻，同时对本方的后方不带来危险。为此，各国都很重视并加强对定位球战术（特别是前场任意球、角球和界外球）的研究和训练，并加以创新。

第三节 排球运动

排球运动起源于美国，由美国马萨诸塞州（旧称“麻省”）霍利约克城（Holyoke）基督教青年会（YMCA）体育干事威廉斯·基·摩尔根（Williams G. Morgan）于 1895 年创造。1905 年传入中国。最初，中国开展排球运动采用的是 16 人制的比赛。每队 16 人上场，分别站成 4 排，每排 4 人，故中国人称此项运动为排球。排球在中国的发展先后经历了 16 人制、12 人制、9 人制和 6 人制的演变。经过百余年几代排球工作者的努力，排球运动在中国逐步得到普及和发展，运动技术水平不断提高。先后发明了快球、平拉开扣球、单脚起跳扣快球、防守快速反击等排球技战术。中国女排多次荣获世界冠军称号，对世界排球运动的发展起到了积极的推动作用。

通过排球教学和训练能发展人体力量、速度、弹跳、灵敏、耐久力等身体素质，提高人体中枢神经系统和内脏器官的功能，增进身体健康，培养机智顽强、勇敢拼搏、团结友爱等意志品质。

一、排球运动的基本技术

（一）准备姿势和移动

1. 准备姿势

为了便于完成各种技术动作而采取合理的身体姿势称为准备姿势。合理的准备姿势是指既要使身体重心处于相对稳定的状态，又要便于移动和完成各种击球动作，为迅速起动，快速移动及击球创造最好的条件。按照身体重心的高低，准备姿势可分为半蹲准备姿势（图 3-37），稍蹲准备姿势和低蹲准备姿势三种。

图 3-37

（1）半蹲准备姿势

两脚左右开立略比肩宽，一脚在前，一脚在后，两脚尖稍内扣，脚跟提起离地。膝关节保持一定的弯曲，膝关节的投影在脚尖前面，上体前倾，重心靠前。两臂放松自然弯曲，双手置于胸腹之间。全身肌肉放松，两眼注视来球，两腿始终保持微动。半蹲准备姿势多用于接发球、拦网和各种传球。

（2）稍蹲准备姿势

稍蹲准备姿势比半蹲准备姿势重心略高，动作方法相同。一般用于扣球助跑之前和本方正在组织进攻不需要快速反应起动的时候。

（3）低蹲准备姿势

低蹲准备姿势比半蹲准备姿势的身体重心更低，更靠前，两脚左右、前后的距离更宽一些，膝关节弯曲程度更大一些；肩部投影过膝，膝部投影过脚尖，手置于胸腹之间。主要用于防守接拦回球等。

2. 移动

从起动到制动的过程为移动。移动是为了及时接近球，保持好人与球的位置关系，以便击球。迅速地移动可以占据场上有利位置，争取时间和空间。队员能否及时移动到位，直接影响着技战术的质量。由于排球场上来球的方向千变万化，来球的速度、弧度和落点都不固定，因此，排球场上的移动是向各个方向的移动。

（二）发球技术

发球时必须注意：抛球要稳，每次发球时，应平稳地将球向上抛起，抛球的高度离身体远近应基本固定；击球要准，击球部位和用力方向要准，手法要正确，手法不同，出球性能也不同。

发球方法（以右手为例）有如下几种：正面上手发球、勾手大力发球、正面上手飘球、勾手飘球、正面下手发球、侧面下手发球、高吊发球和跳发球等。

1. 正面上手发球

面对网站立，将球平托上抛于右肩前上方，高度适中。在左手抛球的同时，右臂抬起屈肘后引，肘与肩平，上体稍向右转。击球时，利用蹬地、转体和收腹带动手臂挥动，在右肩前上方伸直手臂的最高点，以全手掌击球的中下部。击球时，手指自然张开，手腕要迅速做推压动作，使球上旋飞行（图 3-38）。

2. 勾手大力发球

左肩对网站立，左手将球垂直抛至头的前上方 1 米高左右。利用蹬地、挺胸及转体动作，带动手臂由右后侧伸直向上挥击球（图 3-39）。

图 3-38

图 3-39

3. 正面下手发球

面对网站立。球由腹前抛起 20～30 厘米，伸直的右臂以肩为轴由后向前摆动，以虎口、掌根或手掌击球的后下部(图 3-40)。

图 3-40

（三）垫球技术

垫球技术包括正面双手垫球、体侧垫球、跨步垫球、正面低姿势垫球、背垫球、单手垫球、前扑垫球、鱼跃垫球、侧卧垫球、滚翻垫球、挡球和救人网球等。

1. 正面双手垫球

这是各种垫球技术的基础，适合接速度快、弧度平、力量大、落点低的各种来球。常用于接发球和后排防守，组织进攻。其动作要领是：正面对准来球，两脚开立稍宽于肩，一脚在前，一脚在后。脚跟提起，前脚掌着地，两膝弯曲微内收，膝部垂直而超出脚尖。上体前倾，重心降低，并置于前脚掌的拇趾根部，两肩的垂直面超出膝部。两臂微屈紧靠，自然下垂，两手置于腹前。两眼注视来球，两脚微动，随时准备转移，准备姿势做好后，手臂迅速插入球下。击球时，蹬腿提腰，重心随之前移，同时靠两臂相夹，含胸收肩，压腕提臂等动作的密切配合，将球准确地垫在小臂上（切勿用拳头）。在垫击的一瞬间，两臂要保持平稳固定。击球时，身体和两臂要做自然的随球伴送动作，下腰要积极协调配合，以便控制球的落点和方向。击球手型有两种：一种是叠掌式，掌根紧靠，合掌互握，两拇指朝前；另一种是抱拳式，两拇指平行朝前，两臂自然伸直，小臂稍外展靠拢，手腕下压，手腕关节以上的前臂形成一个垫击平面。正面双手垫球点一般保持在腰腹前的一臂距离，用前臂腕关节以上10厘米左右桡骨内侧平面触球的后下部。击球部位过高，既不便于控制球，而且易造成“持球”“连击”违例；击球部位过低，垫在虎口上，球易乱飞。垫球的用力大小与来球的力量成反比，与垫出球的距离成正比（图3-41）。

图 3-41

2. 侧面双手垫球

在身体两侧用双臂垫球的动作称为侧面双手垫球，以右侧垫球为例，左脚前脚掌内侧蹬地，右脚向右跨出一步，右膝弯曲，两臂夹紧向右伸出，使两臂击球面截住球，垫击球的后下部。击球时要保持直臂击球，避免手臂动作影响击球效果。

3. 滚翻垫球

接球时，迅速向来球方向移动，跨出一大步，重心下降，完全落在跨出的脚上，上体前倾，胸部贴近大腿，两臂伸向来球方向。同时两脚用力蹬地，使身体向来球方向腾出，前臂直插球下，用双手或单手击球的后下部。击球后，脚尖内转，大腿外侧、臀部侧面、背部、肩部依次着地。然后顺势低头、收腹、团身，向异侧方向做滚翻动作再迅速起立（图3-42）。

图 3-42

4. 挡球

来球高于肩，而力量大，来不及后退，不宜用传、垫球时，可用挡球。挡球可分双、单手挡球。

双手挡球的手型有并掌法和包拳法两种。并掌法的动作是两肘弯曲，两虎口交叉，两掌外侧朝前，合掌成勺形。包拳法的动作是两肘弯曲，一只手半握拳，另一只手外包，两拳外侧朝前。挡球时，小臂放松，两肘朝前，手腕后仰，以掌根或外侧组成平面，挡击球后部或下部。击球点在额前或两侧肩上。挡球瞬间，手腕要紧张用一定力量，把球向上挡起。单手挡球适用于挡头以上或侧上方的高球。开始挡球时，手腕放松，击球瞬间要突然后仰并保持紧张，用掌根部位击球的中下部或底部。有时对飞到身后的高球也可以跳起用单手挡球。

5. 救入网球

救入网球时，必须了解入网的部位与反弹力的关系。球飞入网的下沿，球反弹落点则离网较远，接这种球时，可取好位置，保持低姿势，从容不迫地等待球反弹离网，当球降到最低点时，再用双手或单手将球垫起。救飞入网中部的球时，如果球网接得紧，弹性好，落点也可能远，方法同接下沿反弹球。如果球网松、反弹性差，球落点就离网近，这时要迅速伸臂插到球下，低姿势击球的底部。球飞入网的上沿，球将顺网滑下，落点会靠近中线，接这种球时，要迅速移到中线网下准备，等球下降离网落到最低点时再垫击。

（四）传球技术

传球是排球运动中的一项最基本的技术，是进行比赛和组织战术的基础。

正面上手传球（图 3-43）的方法如下。

图 3-43

1. 传球前的准备姿势

正面对准来球方向，两脚左右开立，约同肩宽，左脚稍前，后脚脚跟稍提起，两膝半屈，重心落在两脚之间，上体稍前倾。两肩放松，两臂弯曲置于胸前，两肘自然下垂，两手成传球手形，眼睛注视来球方向，全身放松，准备传球。

2. 击球点

击球点在额前上方一球距离处，当来球接近额前时，开始蹬地、伸膝、伸臂，两手微张经脸前向前上方迎球。

3. 传球手形

当手触球时，其手形应该是手腕稍后仰，两手张开，手指稍微屈成半球状，小指在前，拇指相对成接近“一”字形。如果传低球或作背传时则拇指相对成反“八”字形。两手间有一定距离，用拇指内侧、食指全部，中指的二、三指节触球的后下部，无名指和小指控制球的方向，两肘适当张开，两前臂之间约成 90 度。

4. 击球的用力

传球前，手指、手腕稍放松不要过早用力。传球时，要利用蹬地伸膝向上展体和伸臂动作，用协调力量迎击球，并以拇指、食指、中指负担球的压力，无名指和小指帮助控制球。

触手的瞬间，手指和手腕应保持一定的紧张程度，用手指的弹力和手腕、手臂与身体协调的力量将球传出，用力一定要协调一致。传球距离较远时，必须要多使用蹬地展体力量，方能把球控制好。

双手上手传球主要用于二传。二传的技术动作细腻精明，运用时变化多。按传球的姿势可分为站立传、半蹲传、全蹲传、跳传；按球出手的方向可分为正面传、背传和侧传；按出球距离和高度又可分为集中传、拉中传、快传和小弧度传。

（五）扣球技术

扣球技术比较复杂，按其技术结构来讲，扣球技术包括准备姿势、判断、助跑、起跳、空中击球和落地几个互相衔接的部分，整个扣球动作必须协调连贯而有节奏（图 3-44）。

图 3-44

1. 准备姿势

两脚左右自然开立，两膝稍屈，上体自然前倾，眼睛观察来球，注意高度集中，随时可向各种方向起动助跑。

2. 判断

首先是对一传的判断，然后转移到二传的判断，根据二传的方向、落点、弧度、速度来选择起跳的地点和决定起跳时间，判断贯穿在整个的助跑与起跳扣球全过程中。

3. 助跑

助跑的目的是增加弹跳高度，而且是为了选择起跳地点和起跳时间。助跑的方向、速度和步数是根据来球的方向、速度和弧度来决定的。所以助跑的步法应力求灵活和适应性强，能做到助跑速度可快可慢，步幅可大可小，步数可多可少，并要能向各个不同方向变步起跳。

助跑的步法有多种，一般以两三步运用较多。以两步助跑为例（右手扣球）：左脚先放松而自然地迈出第一步，紧接着跨出右脚（步幅要大），支撑点落在身体重心之前，并以脚跟先着地，两臂由体前经体侧摆至体后下方，上体前倾，接着重心前移，着地的左脚迅速由脚跟过渡到前脚掌，同时左脚随即在右脚稍前的地方着地，身体重心降低，两膝弯曲并内扣，上体稍向左转，两眼注视球，准备起跳。第一步是决定助跑的方向，第二步起到调整作用，使起跳的位置正确，起跳后保持好正确的击球点。做到助跑先慢后快，先小后大的原则。

4．起跳

起跳的目的在于跃起后达到一定的高度，保持在正确的击球点击球。只有判断准确，跳得高，跳得及时，而且位置恰当方能扣得准，扣得有力。

起跳时，两膝弯曲并内扣，上体前倾，两脚迅速而有力地蹬地踏跳，两臂由体后下方继续向体前上方挥摆，同时快速展腹，带动全身腾空而起。

在比赛中常用的起跳有两种：一是并步法，即一只脚跨出后，另一只脚迅速向前并步，落于该脚之前，随即蹬地起跳；二是跨跳法，即一只脚跨出去的同时，另一只脚也跨跳出去，两只脚几乎同时着地和蹬地。前者便于稳定重心，适应性强，后者蹬地力量大，可增加反作用力，有利于增加弹跳高度。

起跳一定要用最快速度（即爆发力），方能获得最大的弹跳高度。起跳时，两臂由胸前经体侧划一弧形向上摆动，与展腹团体同时配合，借助于两臂摆动带动身体上升，有助于跳得更高，但是踏跳、展腹、摆臂这三个动作的用力必须协调、及时，才能发挥最大的蹬地力量，才有助于增加弹跳高度。

5．空中击球

击球是扣球技术的关键环节。起跳后，上体稍后仰，并稍向左侧扭转，胸腹自然展出，左手自然置手体前。右臂屈肘举起，肘关节向侧方，并高于肩部，手置于头的右侧方。前臂、手腕、手指放松，五指微张，手掌成勺形。击球时，利用迅速转体收腹动作来带动手臂猛烈地挥击。前臂挥动的速度更快，有如挥鞭子的抽击动作。击球时，手臂要伸直。用全掌击球的中上部，手腕迅速下甩。

击球时应注意三点：一是打得准，用全掌击球，使全掌包住球吻合得比较好，手指、手腕尽力控制住球，使之按预定的路线飞行；二是在最高点击球，手臂向前上方挥击应有提肩动作，在击球的一刹那，手臂要充分伸直；三是发挥前臂的加速度，前臂应有明显的鞭打动作，并在手掌触球后仍继续加速，借以加大对球的作用力。

6．落地

由于击球时左肩抬得较高，所以下落时往往是左脚先着地。为了避免左脚负担过重，容易损伤膝关节，应力争双脚同时落地。落地时，应由前脚掌过渡到全脚掌，同时顺势屈膝收腹，以缓冲下落的力量，并立即准备下一个动作。

扣球的主要方法有正面扣球、勾手扣球、快球（近体快球、远网调整快球、短平快球、平拉开快球、时间差快球和错位快球等)、单脚起跳扣球等。

(六) 拦网技术

拦网技术分单人拦网和集体拦网两种。两者对个人的技术要求是相同的,只是集体拦网要注意相互间的协调和配合(图 3-45)。

图 3-45

1. 单人拦网

拦网的技术动作由准备姿势、移动、起跳、空中拦击和落地五个部分组成。这五个部分是相互衔接的。拦网时,除应掌握上述技术外,还应具备准确的判断能力,以便准确地选择起跳地点、拦网时间和空间。

(1) 准备姿势

准备姿势的目的是迅速起跳和较快地移到起跳点起跳。当球进入对方场区后,本方前排队员就应做好准备,密切注视着对方的行动。一般情况下,2、4 号位队员站在离边线 1.5 米处,3 号位队员站在两人等距的中间。准备拦网时,可站在离中线 20～30 厘米处,两脚左右开立,与肩同宽,两膝弯曲,上体自然微前倾,两臂自然弯曲置于胸前,做起跳或移动的准备。

(2) 移动

比赛时,在大多数情况下,拦网队员在网前平行于网移动,但根据需要,也有向前助跑起跳拦网的情况。拦网移动有并步、交叉步、跳步和向前移动。

(3) 起跳

从拦网的准备姿势开始,两脚用力蹬地,两臂在体侧前方划小弧用力上摆,带动身体垂直向上跳起。起跳后,应稍收腹,以便控制平衡和延长腾空时间。

起跳时,腿的弯曲程度要因人而异,一般腿部力量差的队员可以蹲浅些,腿部力量强的队员蹲深些。起跳的时间要根据球的高低远近而定。一般拦高球或远网球,起跳时间要晚于扣球,拦平快球起跳就早些。

(4) 空中拦击

在身体腾空后,两手从胸前向头上方伸出,两臂向上伸直并有提肩动作,以提高拦网手高度。增加阻拦可能性。身体要贴近球网,两臂之间距离要小于球体,手指张开弯曲成勺形,并保持一定的紧张程度,以便阻拦来球和削弱来球的力量。

拦近网球时，两手应尽量伸到对方上空接近球，以扩大阻拦面。手臂伸过球网拦球时，两手要成弧形去“包球”，尤其靠外侧的手更应注意“包球”，以防打手出界。当对方扣球时，拦网的手腕应迅速下压“盖帽”，以增加拦死、拦回的可能性。对方扣远球和对方超手扣球或者拦网高度不够时，一般情况下将对方拦死、拦回的可能性比较小，应尽量高跳和伸直双臂。也要采用拦网手后仰的方法进行拦网。

拦网队员的弹跳高度和腾空时间对拦网的效果有重要的作用。两手在网上空停留的时间越长，拦到球的可能性就越大。拦网队员不宜在起跳后就把臂完全伸直，这样会暴露出拦网的意图，使对方易于避开拦网的手改变扣球路线，或打手出界。跳起腾空时，两手应放在头部前上方，待判准扣球进攻的意图时，再突然伸手进行阻挠，这样可使对方来不及变线，从而提高拦网的效果。

（5）落地

拦网后身体要自然下落，先以前脚掌着地，随之屈膝缓冲身体落地的力量，同时迅速做好下一个动作的准备。

2. 集体拦网

集体拦网除上述个人拦网技术的要求外，应着重注意互相配合。配合时应注意：集体拦网要明确以谁为主，密切协同配合，防止各行其是。起跳时应避免相互冲撞或干扰。起跳后，手臂在空中既不要相互重叠，造成拦击面缩小，又不要间隔太大而造成中间漏球。身体高大的队员要与身体矮小的队员加强配合。

为了发挥个人特长，可把身体高、弹跳力强或拦网好的队员摆到对拦网负有重要责任的 3 号区域对准对方的主攻手，以加强本方的拦网。

集体拦网可分为双人拦网和三人拦网。

二、排球运动基本战术

排球运动战术指运动员在比赛中根据排球运动的规律，双方的具体情况和临场的变化，合理地运用技术以及采取的有组织、有目的和有预见性的一种配合行动。

（一）阵容配备

1. “四二”配备

“四二”配备是指场上两个二传手、四个攻手（其中两个主攻手、两个副攻手），安排在对称的位置上。每一轮次前排都有一个二传队员和两个进攻队员，便于组织前排二传传球的两点进攻和后排二传插上传球的三点进攻。但每一个进攻队员必须熟悉两个二传队员的传球特点，配合比较困难。

2. “五一”配备

“五一”配备是指场上一个二传队员，五个进攻队员。为了弥补有时主要二传队员来不及传球所出现的被动局面，通常在二传队员的对角位置上，配备一名有进攻能力的接应二传队员。二传队员在前排时采用两点进攻，二传队员在后排时采用进攻和拦网的力量。“五一”配备中，全队进攻队员只需适应一个二传队员传球的习惯、特点，容易建立配合间的默契。但防反时，一传队员如果在后排，要插上传球，难度较大。

（二）进攻阵型

1. “中一二”

3号位队员作二传，将球传给4、2号位队员进攻的组织形式。其优点是一传向网中3号位垫球比较容易，因而有利于组成进攻，适合初学者采用；二传队员在网前接应一传的移动距离近，向2、4号位传球的距离较短，容易传准。缺点是战术变化少，对方容易识破进攻意图。

2. “边一二”

2号位队员作二传，将球传给3、4号位队员进攻的组织形式。其优点是右手扣球者在此3、4号位扣球比较顺手，战术变化较多。缺点是一传垫球距离较远，不宜到位。

3. “插上”

二传队员由后排插上到前排作二传，把球传给前排4、3、2号位队员进攻的组织形式。其优点是能保持前排三点进攻，战术配合变化多，并能利用网的全长组织进攻。缺点是对插上二传队员的要求较高。

（三）防守阵型

1. “边跟进”

多在对方进攻较强，吊球较少时采用。当对方4号位队员进攻时，我方2、3号位队员拦网，其他4个队员组成半圆弧形防守。如遇对方吊前区，由边上1号位队员跟进防守。其特点是加强了拦网；缺点是边上的队员同时又要防直线，又要跟进防前区，比较困难。

2. “心跟进”

在本方拦网能力强，对方采取打吊结合时采用。当对方4号位队员进攻时，我方2、3号位队员拦网，后排中的6号位队员在本方拦网时跟在拦网队员之后进行保护，其余3名队员组成后排弧形防守。其优点是加强了前区的防守能力，缺点是后排防守队员之间的空当较大。

第四章　小球运动

学习目标

★掌握羽毛球运动的基本技术和战术；
★掌握网球运动的基本技术和战术；
★掌握乒乓球运动的基本技术和战术；
★学会欣赏羽毛球运动、网球运动、乒乓球运动。

第一节　羽毛球运动

现代羽毛球运动诞生于英国。1873 年，英国公爵鲍弗特在格拉斯哥郡伯明顿镇的庄园里进行了一次羽毛球游戏表演。“伯明顿”（Badminton）也因此成为羽毛球的英文名字。1893 年，英国羽毛球协会成立，并于 1899 年举办了第一届全英羽毛球锦标赛。1934 年，成立国际羽毛球联合会。1978 年世界羽毛球联合会于香港成立。1981 年国际羽毛球联合会和世界羽毛球联合会正式合并，称羽毛球世界联合会（Badminton World Federation，BWF）。

羽毛球运动对速度素质、灵敏素质、力量素质、爆发力等要求较高，长期进行羽毛球运动能增强肌肉力量与短时间高功率的爆发力以及速度耐力，培养练习者勇敢、顽强、沉着、灵活、果断，以及在双打中两人密切配合、精诚合作的精神，使羽毛球爱好者身心得到较全面的发展。

一、羽毛球运动基本技术

羽毛球运动技术是在规则允许的条件下，所采用各种合理击球动作方法的总称。它主要由基本手法和基本步法两部分组成。基本手法又由握拍、发球与接发球和击球三种技术组成；而基本步法则由基本站位、前场上网、中场左右和后场退步法组成。

（一）握拍方法

1. 正手握拍法（以右手握拍为例）

先用左手拿住拍的腰杆，使拍面与地面垂直，然后右手虎口对准拍柄侧面内沿，以握手式握住拍柄，小指、无名指和中指并握，食指稍分开，大拇指与中指接近，拍柄末端与小鱼际肌平齐，使手心与拍柄间留有空隙（图 4-1）。

2. 反手握拍法

在正握拍法基础上，拍柄稍外转，食指收回，拇指第二指节的内侧顶贴在拍柄内侧的宽面上，并注意把柄端靠近小指的根部，使手心留有空隙（图 4-2）。

图 4-1

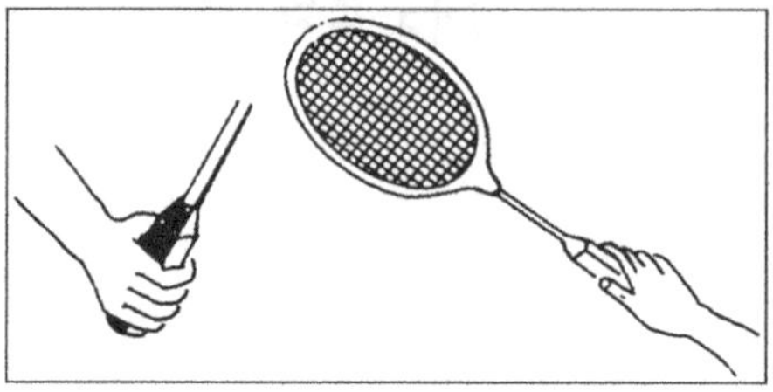

图 4-2

（二）发球与接发球

1. 发球

发球是重要的基本技术，也是重要的进攻技术。发球质量直接关系到比赛中能否取得主动权，发球一方赢球便可得分。

发球站位：单打贴中线站立，离前发球线 1 米左右；双打可稍站前一些。

发球姿势：左肩斜对球网，呈“丁”字步站立，左脚在前，脚尖与网面垂直，右脚在后，与网面保持平行。两脚前后分开，站立的距离与肩同宽，身体重心落在后脚上。准备发球时，右手握拍向右后斜举。肘微屈，左手持球（拇指、食指、中指夹持球托同羽毛的相接处），放在腹部右前方，双眼注视对方的位置和准备接球的情况，如图 4-3（a）所示。

发球种类：按发出球的飞行弧度分为高远球、平高球、平快球和网前球等，如图 4-3（b）所示。

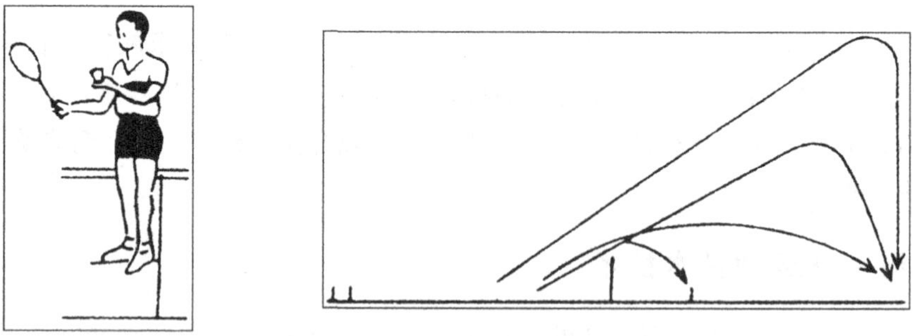

（a）　　（b）

图 4-3

发高远球时，球要发得高而远，球斜上飞行至对方底线上空后几乎垂直下落，落点接近底线。击球点在右侧腰下，拍面的仰角大于 45 度。

平高球的飞行弧线比高远球低，多用前臂带动手腕发力，拍面稍微向前推进，其仰角小于 45 度。

发平快球时，站位应稍后，击球的瞬间，拍面仰角一般小于 30 度。争取击球点在腰部以下的最高处，注意不能超过腰。挥拍时要充分利用前臂带动手腕的爆发力。

发网前球时，挥拍的幅度要小，力量较轻，拍面稍后仰，触球时挥拍不可过紧，可利用腕与手指的力量从右向左横切推送，使球越网而过，落在对方接球区前和发球线附近。

2. 接发球

接发球应站在离发球线 1.5 米处，在右发球区接发球站在靠中线位置；在左发球区接发球站在中间位置。双打时发网前球较多，接发球时可站在离前发球线较近的地方（图 4-4）。

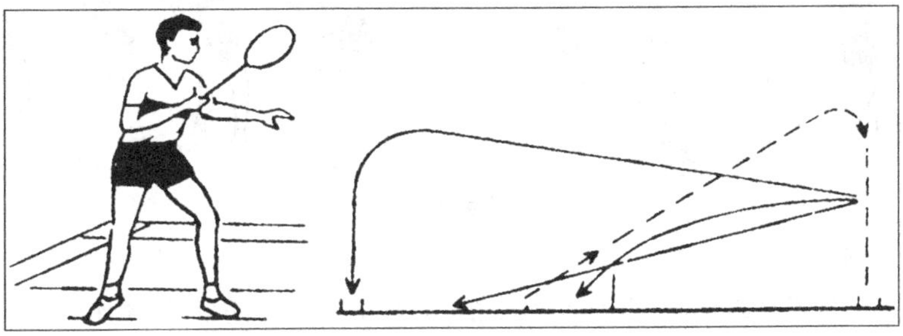

图 4-4

（三）击球

击球依据具体动作特点分为高手击球、网前击球和低手击球。

1. 高手击球

高手击球具有击球点高、速度快、力量大、主动性强、进攻威力大等优点，是快攻打法的最基本技术（图 4-5）。高手击球有高远球、吊球、扣杀球。

图 4-5

（1）高远球：用较高的弧线把球击到对方底线附近叫击高远球。进攻时可迫使对方退离中心位置，削弱对方的进攻威力，消耗对方的体力；防守时，可争取时间，调整步法，回到中心位置，摆脱被动局面。击高远球有正、反手和头顶等击法。

（2）吊球：将对方击来的高远球从后场还击到对方的网前区叫吊球。吊球是调动对方、打乱对方阵脚、组织战术配合的一种击球战术。后场进攻时，同高远球、杀球结合运用，并做到 3 种击球的前期动作一致时，常可造成对方判断发生困难。高手吊球按球的飞行路线和击球动作的不同分为劈吊球和拦截吊球。

（3）扣杀球：把高远球在尽量高的击球点上斜压下去。其击球力量大，球飞行路线直，下落快，扣杀球是主要进攻技术。扣杀球技术分正、反手的头顶扣杀球。运用手腕、手指控制拍面斜倾角度，用力方向和用力大小，可击出长杀球、短杀球、点杀、杀直线、杀斜线等（图 4-6）。

图 4-6

2. 网前击球

这是一项可以调动对方，使战术多变的击球方法。在防守力量加强、步法更加灵活的情况下，网前技术往往成为战斗的有力武器。网前击球时，握拍要灵活，充分利用腕、指的力量控制球路和落点。击球点要高，步法要快，搓、推、勾、扑球的动作一致性要强。网前击球有搓球、推球、勾球、扑球、放网前球、挑高球。

（1）搓球：高难动作的击球技术，是放网前球技术的发展。搓球时击球点较高，利用拍面与球托的摩擦，使球沿横轴翻滚越过网顶，给对方回击造成困难，以创造进攻的机会。搓球分为收搓和展搓两种（图 4-7）。

图 4-7

（2）推球：在网前将球快速推到对方的底线。球的飞行路线较低、较平，是一项进攻技术。

（3）勾球：在网前回击对角线网前球时，击球的一刹那，拍面斜向对方的网前。

（4）扑球：对方发网前球或回击网前球时，球刚越网顶便迅速上网向斜下扑压。扑球时用力有轻有重，球的飞行弧线较短，落地较快，是威胁较大的一项进攻技术。

（5）放网前球：处于被动情况下，刚从后场击过球，对方又吊网前球，欲赶上击球，击球点已经低了。这时，用球拍轻轻将球一托，让球像俯卧式跳高一样，恰好一过网顶就向下坠落，这就是放网前球，如质量好，可扭转被动局面。

（6）挑高球：把对方击来的吊球或网前球挑高，回击到对方后场，叫挑高球。这是在比较被动的情况下，可采用的一种防守性技术。

3．低手击球

没有高手击球的进攻威胁大，属于防守性的技术，难度较大。如发挥得当，可具有防中有攻的效果。

（1）抽球：击球点在肩以下，以躯干为纵轴发力，做半圆式的挥拍击球动作。抽球是应付对方长杀、半场球以及平球对攻的反攻技术。抽球可分为正、反手抽底线和半场球。在双打技术中用得比较多。

（2）接杀球：接对方杀球时的击球动作，属防守性技术，如运用得当，常能转守为攻或反击得利。接杀球有接网前球、推后场球和抽高球等几种回击技术。

（四）步法

快速、准确的步法是正确击球的基础，也是羽毛球运动的灵魂，步法不到位，再好的技术也无法使用。我国运动员的身体偏中等身材，灵巧、速度快而且弹跳力好，为适应快攻打法初步形成了步法体系。基本步法有蹬步、跨步、腾跳步、垫步等，加上原有的蹬转步、交叉步、并步、小碎步和单足跳步等，组成了上网、后退、两侧移动和起跳腾空等综合步法。

1．上网步法

根据来球的远近，可采用两步、三步或一步上网。最后一步要求与持拍那只手同侧的脚在前，身体重心落在前脚掌上。上网步法可分跨步上网、垫步上网和蹬步上网等。

2．后退步法

不论哪种后退步法，后退时都要求先迈右脚，最后一步左脚在后，重心在右脚上。按后退击球方法，后退步法分为正手后退（侧身并步后退和交叉步后退）和反手后退等。

3．两侧移动步法

为了接对方击向身体左右两侧的球，要掌握两侧移动步法。向右侧移动时，左脚掌内侧用力蹬起，右脚同时向右侧转跨步；身体距来球较远时，左脚可向右垫一小步再起蹬，右脚同时向右跨大步（右侧蹬跨步、左侧垫步）。向左侧移动时，左脚掌内用力蹬地，右脚同时向左侧转跨大步；身体距来球较远时，左脚可先向左移半步，上体左转身的同时，右脚向左（前交叉）跨大步（左侧蹬跨步、右侧垫步）。

4．起跳腾空步法

在上网、后退或两侧移动时，为了争取主动或一拍结束战斗，可待步子到位后，用单脚或双脚起跳，争取更高的击球点。向右侧起跳腾空时，用左脚向右侧蹬地、右脚起跳；向左侧起跳腾空时，则右脚向左侧蹬地、左脚起跳。

（五）五种主要打法

1．压后场底线

这是基本打法之一。特点是通过平高球压对方于后场底线，待对方回球靠前时，则大力扣杀或吊网前空当。这种打法主要在于与对方较量后场高吊、杀球技术的高低，以力量取胜。

2. 攻四方球控制落点

这是以快而准确的落点，攻击对方场区的四个角落，调动对方在前后左右奔跑，打乱对方阵脚，以便伺机进攻。

3. 快拉快吊控制网前

这是一种积极主动、快速进攻的打法，它要求技术全面，能攻善守，步法、手法快速灵活，又有较细腻的网前的技术。这种打法常以进攻性的平高球快压对方于后场两底角，而后以空击吊球或劈杀引对方上网，再迅速上网控制网前，以网前搓球结合推后场底线制造对方回球的困难，以便伺机在后场大力扣杀。

4. 后场下压，上网搓推

通过后场轻杀或劈杀后，快速上网控制网前，以搓球结合推球制造进攻机会，再用重杀或劈杀结束战斗。欧洲、亚洲的全攻型选手多用这种打法。

5. 守中反攻

这种打法适用于身体不高但较灵活的运动员。在防守中要善于控制落点、球路，调动对方在移动中勉强进攻，使对方急于求成而出现失误，或用以制造反攻的机会。

二、羽毛球运动的基本战术

（一）单打战术

1. 发球抢攻战术

从发球的第一拍起，争取控制对方，以攻杀得分。这种战术，一般为发网前低球结合平快球、平高球，争取第二拍的主动进攻。用这种战术对付应变能力较差的对手，或实施于比赛的关键时刻，效果往往很好。实施这一战术时，应有高质量的发球予以保证，否则很难成功。

2. 攻后场战术

此战术是通过击高球，重复压对方的底线两角，造成对方的被动，然后寻找机会进攻。用它来对付初学者，或后场还击能力较差，或后退步子较慢以及急于上网的对手是很有效的。

3. 攻前场战术

对网前技术较差的对手，可运用此战术先将其吸引到网前，然后再攻击其后场。采用此战术，自己首先要有较好的网前击球技术。

4. 打四方球战术

若对手步子移动较慢，体力较差、技术不全面，可以用快速、准确的落点攻击对方场区的四个角落，寻找机会向空当进攻。此战术的主要目的是通过打落点，逼迫对方前后奔跑、被动应付，并在其加球质量下降或露出破绽时进行攻击得分。

5. 杀、吊上网战术

对对手打来的后场高球，本方先以杀球配合吊球把球下压，落点选在场区的两条边线附近，致使对手被动回球。若对手回网前球时，本方迅速上网搓球、勾对角球或平推球，创造在中场大力扣杀的机会。这种战术必须能很好控制杀、吊球的落点，在使对方被动回网前球时，主动迅速上网攻击。

6. 打对角线战术

对付身体灵活性差、转体较慢的对手，不论是进攻还是防守，均应以打对角线球为主。这样，对方会因移动困难而被动，为本方进攻创造机会。

（二）双打战术

1. 攻人战术（二打一）

集中攻击对方中有明显弱点的人，并伺机攻击另一人因疏忽而露出的空当，或对此人偷袭。双打比赛中的配对选手的技术，一般总有一人好，另一人稍差些，即便两人水平相差不多，但若能集中力量攻击其中一人，也可给其造成很大的心理压力，从而使其出现失误。

2. 攻中路战术

当对方分边站位防守时，将球攻击到对方两人的中间；当对方前后站位时，可将球下压或平推两边半场。这样可使对方防守时互相争抢或互让而出现失误。

3. 攻后场战术

对方后场扣杀能力差，本方可采用平高球、推平球、接杀挑底线，把对方一人紧逼在底线两角移动。当对方回球质量不高时，则抓住机会大力扣杀。如另一对手后退支援时，即可攻网前空当。

4. 后攻前封战术

当本方处于主动进攻地位时，站在后场的队员见高球就杀或吊网前，迫使对方接球挡网前，这为本方前场队员创造了封网扑杀的机会。前场队员要积极封锁前场，迫使对方被动挑高球。一旦对手挑高球达不到后场，就为本方创造了再进攻的机会。

第二节　网球运动

现代网球运动起源于英国。1881 年，英国成立了世界上第一个网球协会，并规范了网球规则。1912 年，国际网联创立于巴黎。1924 年，网球运动被列为奥运会项目，后由于业余选手的争执，网球项目退出奥运会，直到 1988 年汉城奥运会，它才又被重新列入奥运会比赛项目。网球传入中国是在 19 世纪的后期，我国于 1980 年加入国际网球联合会。

网球运动是两名或两对球员隔网相对，用球拍击球过网，以造成对方失误得分的竞技项目。网球运动不仅有很强的观赏性，而且还有很好的锻炼价值。经常从事网球运动，能促进机体的新陈代谢，提高心血管和呼吸系统功能，增加肌肉力量，有利于提高身体的灵活性和协调性及神经系统的调节功能，对全面地发展学生的身体素质和运动技能有很好的作用。

网球运动也是一项文明、健康、高雅、技艺优美、比赛精彩、扣人心弦的体育运动，这项运动不受年龄和性别限制，适合人们的生理和心理特点。通过学习，增强学生勇敢、顽强、灵活、果断、组织纪律、团结互助的精神和吃苦耐劳、克服困难、勇于拼搏等优良品质。

一、网球运动基本技术

网球运动基本技术包括：握拍法有东方式、大陆式和西方式三种；发球有平击、切削和旋转三种；接发球有抽球、削球、挑高球和放短球等；击球有正手、反手、双手反手、截击球、挑高球、放小球、高压球和反弹球等。

（一）球拍

网球拍结构分为拍头、拍颈、拍柄。

球拍柄分为上平面、下平面、前平面和后平面等。

网球拍由木质网拍改为铝合金网拍，拍面大小改进为中型拍面和大型拍面。

（二）握拍法

正确的握拍方法是各种击球技术的基础，应有利于发力和灵活地做出各种击球动作。基本方法为：握拍手的手掌后外侧基本与球拍握把的末端齐平，虎口位于球拍握把右平面，自然握住球拍，大拇指与食指尖相对，球拍握在手上前平举时，拍面应与地面平行。

1. 东方式握拍法

（1）东方式正手握拍法：握拍时，用右手掌根与拍柄右上斜面紧贴，拇指垫握住拍柄的左垂直面，五指紧握拍柄，食指下关节压住拍柄垂直面（图 4-8）。

（2）东方式反手握拍法：从东方式正手握拍把右手向左转动 1/4，手掌根贴在拍柄左上斜面，拇指贴在拍柄左垂直面上，食指关节压住拍柄右上斜面。

2. 大陆式握拍法

握拍时，使大拇指与食指形成的虎口放在拍柄的上平面与左上斜面交界线上，使大拇指底部贴在拍柄上面，大拇指包卷拍柄，食指第一指节贴在拍柄的右斜面上（图 4-9）。

3. 西方式握拍法

握拍时，大拇指直伸压住拍上平面，食指下关节握住右上平面，与拍底平面对齐，大拇指与食指几乎成直角（图 4-10）。

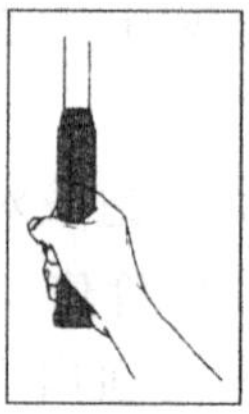

图 4-8

图 4-9

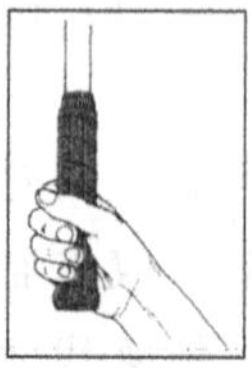

图 4-10

（三）准备姿势

1. 正手

面对球网，双脚向前自然分开与肩同宽，双膝微屈身体略向前倾，重心落在双脚的前脚掌上，右手握拍，左手轻托拍颈，双肘微屈，球拍舒适地放在身前，托面垂直于拍头指向对方，两眼注视对方来球，做好击球准备。

2. 反手

面对球网，双脚向前自然分开与肩同宽，双膝微屈，腰部略向前，用非握拍手轻托拍颈，拍头与下巴齐平，双肘弯曲，将球拍舒适伸在前面，身体前倾，重心落在双脚上。当判断对方来球朝你的反拍方向飞来时，轻握拍颈的左手应该迅速帮助右手握拍变换为反拍握拍法。正拍若使用东方式的正拍握法或西方式握法，在打反拍时应变化为相应的反拍握拍法，不然反拍是打不好的。双手握拍的人，大多也需要变化握法。

（四）发球

在现代网球运动中，发球技术是非常重要的，是唯一由自己掌握的击球法。它可以不受对方制约，能够在较大的程度上发挥个人的特点，用以控制对方，为自己的进攻创造有利条件。为此，要求运动员必须比较全面地掌握各种发球技术，以利在比赛中争取主动。

1. 动作要领

（1）大陆式握拍法或东方式反拍握拍法。

（2）准备姿势全身放松，侧身站立在端线外中场标记近旁边（单打），左肩对着左边网柱，面向右边网柱，两脚分开约同肩宽，左脚与端线约成 45 度，右脚约与端线平行，重心在左脚上。左手持球轻托球拍在腰部，拍头指向前方。呼吸均匀，精神集中。

（3）抛球与后摆抛球和后摆拉拍动作是同步开始的，持球手拇指、食指和中指三指轻轻托住球，掌心向上。当球拍向下向后引拍时，持球手同时下降至右腿处，紧接着当球拍从身后向头上方做大弧度形摆动，身体做转体、屈膝、展肩时，持球手柔和地在身前左脚前上举，直至伸高及头顶。抛球动作要协调、平稳，球送至最高点再离开手指抛向空中。此时右肘向后外展约同肩高，拍头指向天空，左侧腰、胯成弓形状，身体重心随着抛球开始先移向右脚，然后平稳地开始前移。此刻，肩与球网成直角。

（4）击球动作当左手抛出球时，球拍继续向上摆起，这时握拍手的肘关节放松，可以使向前转动的身体和右肩自动地使手臂产生一个完美的绕圈（注意不是故意让拍子去做搔背动作）。当球下降至击球点时，迅速向上挥拍击球，左脚上蹬，使手臂和身体充分伸展，当身体向前上方伸展击球时，肩、手臂已经回转，双肩与球网平行。挥拍击球时，持拍手腕带动小臂有一个旋内的“鞭打”动作，这就是发球发力的关键动作，也是其他诸如重心前移、蹬腿、转体、挥拍等力量聚集的总和。

（5）随球发出后，身体向场内倾斜，保持连续的完整的向前上方伸展的随挥动作。球拍挥至身体的左侧（美式旋转发球球拍随挥至身体的右侧），重心移向前方，做到完全自然地跟进并保持身体平衡。

2. 发球技术

发球基本分三种：平击发球、切削发球和上旋发球。每一种发球都有自己的特点和用途，好的发球具有相当大的攻击力，并使发出的球在速度、力量、旋转和落点方面有变化。

（1）平击发球

平击发球在诸多发球中是球速最快的发球法，也叫炮弹式发球。该发球不但球速快，而且反弹低。如果身材高大就可以借助高点击球的空中优势直接进攻对方，如身材较矮小或女选手就不宜使用平击发球。这种发球虽然力量大、球速快、威胁大，但命中率比较低。

发平击球时的击球点应在身体的右眼前上方，以拍面中心平直对准球，击球的后中上部。因此，手腕的向前拌甩和前臂的“旋内鞭打”非常重要，身体充分向上向前伸展，以获得最高击球点，以提高发球命中率。

（2）切削发球

这是一种以右侧旋转（略带下旋）为主的发球法。就是由球的右上往左下切削击球。由于切削发球的飞行轨迹及弹跳方向所定，该发球不但球速快，威胁大，而且容易提高发球命中率，因此，多被世界各国运动员所采纳。

发球时把球抛到右侧斜上方，球拍快速从右侧中上方至左下方挥动。击球部位在球的中部偏右侧，使球产生右侧旋转。

（3）上旋发球

这是以上旋为主、侧旋为辅的发球法。由于球的上旋成分多于切削发球，使球产生一个明显的从上向下的弧形飞行轨迹过网，发力越强，旋转成分越多，弧形就越大，命中率也越高；落地后高反弹到对方的左侧，迫使对方离位接球，给对方造成很大压力，同时为发球上网带来足够的时间。

发上旋球时把球抛到头后偏左的位置，击球时身体尽量后仰成弓形，利用杠杆力量对球加旋转，球拍快速从左向右上方挥动，从下向上擦击球的背面，并向右带出，使球产生右侧上旋。

除以上三种发球方法外，还有一种急剧旋转的发球法，也叫美式旋转发球。这种发球难度较大，需要身体腰部更多的弯曲和强力扭转发力动作。由于难度大，稍有不慎极易造成扭伤，现已很少使用。这里作一简单介绍，发美式上旋球时的抛球位于头的后上方，挥拍沿球中下部向左上部擦球，随挥动作在身体的右侧结束，使球产生强烈上旋。

（五）击球技术

1. 正手接落地球

身体前倾，双膝微屈，呈“半蹲”状，两脚分开与肩同宽，两眼注视来球，当判断球朝正手方向来时，左手离开球拍，肩向后转，身体侧向球网，两脚前后开立，重心落在右脚上，随着转体应快速平稳地向后摆动球拍。球拍与身体平行，高度齐膝，挥拍击球时，让球反弹齐腰高度。完成击球动作时，球拍略高于肩部，手腕要绷紧，球拍应随惯性做随球的动作。

2. 反手接落地球

侧身站立，双脚开立，全身放松，两眼注视来球。当对方发来球处在反手方向时，向左转肩，采用反手握拍法，向后摆动球拍要平稳。挥拍前，右脚向球网方向跨出一步。击球时，身体前倾，将转体力量连同挥拍力量作用于拍弦击球上，这样打出的球稳定有力。进行随球动作时，转体约 45 度，随球动作结束于侧前方高处，这时重心在前脚上，后脚跟踮起。

3. 截击空中球

截击球是网前技术中的一种攻击性击球方法，当球在落地之前，将球击回到对方半场区，这种方法回球速度快、力量重、威胁大。目前国内外优秀网球运动员都普遍采用发球上网或接球上网战术，因而，截击球技术被提到攻击性打法不可缺少的重要地位。

截击球的后摆动作不应过大，击球点应保持在身体前方 30～60 厘米，要向前迎击来球，注意拍头不要下垂，要保持拍头高于手腕，击球时手腕固定，拍子应紧握，击球时拍子不能移动。

高于网的球，截击时平击的成分可多一些，打出具有进攻性力量较大的深球或斜线球。低于网的球，必须充分下蹲，保持拍头仍然要高于或平行于手腕，以利身体重心的稳定。截击球的中下部，成为切削下旋，这种低于网的截击球，不宜打得力量太大，应以推深落点为目的。如果对方来球力量太重，自己就不应再主动发力，只要握紧球拍打准落点即可。截击球除要求打深落点和打斜角度以外，也可以用截击打法回出短球，这项技术需要较好的手上感觉和良好的控制能力。

上网截击要十分警惕对方的破网和挑高球，因此站位的选择是很重要的。一般要站位于对方破网的直线和斜线之间所形成夹角的平分线上，并多注意保护直线空当。

截击空中球是在网前进行的击球方法，当球在落地之前，便将球击回对方场区，截击空中球分为正手截击空中球和反手截击空中球两种。动作要领是小幅度后摆，球拍头和两眼同来球保持在同一水平上，在体前击球。

4. 高压球

高压球同截击球一样，属于上网击球技术，是在头部上空用迅猛的扣球动作扣击来球。

打好高压球的第一步，就是先让自己在击球前进入正确的位置，这无疑要仰仗脚下的移动了。看见对手挑高球后，迅速侧身，使用拖曳步或交叉步，将身体移动到来球的下方，就好像要用手抓住来球一样。一边后退，一边同时举起两手。非持拍手臂抬起，指向来球，划出球飞行的轨迹，同时持拍手臂抬到肩膀之上。拍柄此时恰好处于耳朵后面（就像打电话的姿势），拍头向下，摆出类似“搔背”的姿势。

5. 挑高球

网球高压球与挑高球也是互为矛盾的两样武器，但在网球场上，挑高球并非只与高压球成双配对，击球者无论处于什么状态都可以挑高球，因为挑高球本身就既可是防守性的也可是进攻性的。比如，在球员极度被动的情况下可以以挑高球作为一种过渡和缓冲的手段，而当对方上网时，我方可击出一发强烈上旋的高球，利用此种球弧顶高、下坠急、落地后前冲猛的特点令球越过对方头顶以逼迫对方反身回追，这往往就是破网得分的一击，至少也可致对方于被动的境地。由此，击球者应该在任何情况下都能够做出挑高球的反应并且挑出不同效应的高球，这样才可以在增加自己防守实力的同时也多拥有一样得分的本领。

挑高球可用于进攻和防守。防守性挑高球的弧线很高，常从这边端线放到另一边端线附近。进攻性挑高球采用突然袭击方式，将球挑到对方空当，使对方难以到位救球，从而达到得分的手段。

6. 放小球

放小球时，要求多用手腕动作，带有削击，把球刚好“吊”过网，迫使对手从底线上网，又够不到球，而疲于奔波。

7. 落地反弹球

打反弹球时，后摆稍短，身体重心要低一些，把注意力更多地集中在击球时机上，把刚落地弹起的球击回去。

二、网球运动基本战术

（一）单打战术

1. 进攻性战术

网球的单打比赛，对运动员体力和精力的要求都很高。要在单打比赛中取胜，运动员必须具备各种击球技术、长时间紧张比赛的耐久力，以及不同于双打战术的控制能力。

（1）做好上网的准备

进攻性单打战术的基点，是准备在第一发球后上网，以便在第一次截击球或第二次截击球时得分。发球时站在靠近端线中点标志的地方，这样，可以取得最近的距离去截击第一次空中球。发球要深，一般发向对方软弱的一边（如果发现了对方弱点的话），大部分运动员的弱点都是反拍。

在发球之前就应该决定发球后是否需要上网，如果在发球之后还站在端线，看着球在发球区内跳起，然后再上前截击对方回过来的空中球就太晚了。发球时能将球抛在身体的前面，那么在发球后，人就会自动地进入场内。并且做好快速上网的准备。

第一发球失误后，第二次发球相对慢一些，加些旋转，避免双误。优秀运动员应能做到第二发球后照样上网，特别在快速球场上更需如此。但水平一般的运动员应该留在后边，等待浅球，看准时机上网。

（2）封角度

发球后向网前冲去，在对方击球时，自己应该在发球线后一两步的地方做一停步以便判断来球的方向，然后再对着球，向前去做网前第一次截击。至于移动到什么地方击球，则取决于发球的落点和接球员回球的角度。

（3）第一截击球要打得深

发球后上网，除了在对方回球又软又高，并能够向下击打得分时，均不要希望在第一次截击时得分。应当力图把球打深，使球落在对方的弱侧，目的是使对方留在端线，迫使他打球起高，使自己可以继续接近网前，以第二截击球得分。

截击球不能打得太浅，球一浅，就会被对方跑上前来打一个让你望尘莫及的破网球。如果发球把对方拉出场外，第一截击球即朝着球场的空当打去，使对方不得不在跑动中打二个难对付的球，甚至能逼使对方失误而获得一分。如果对方是在球场中间的良好位置上，便将球截击得尽可能的深，使他向上击球，这种球过网高，很容易向下截击得分。

不要站在原地欣赏自己的第一次截击。击球后，要立即继续向网前移动，第二次截击时，应当站在具有威胁性的位置上，即发球线和球网之间。这样，便做好了得分的准备。

（4）迅速得分

单打是一种有时要冒些险的比赛。常需要靠自己主动得分。因此，在单打比赛进攻时，目标应该是主动上网并迅速得分。

单打进攻性战术的要点：

①让第一发球进区并变化其旋转和落点。

②用最可靠的击球方法进行命中率高的比赛。

③冲向网前的过程中，要有一个停步动作以判断对方击球的方向。

④除非能打大角度的截击球直接得分，一般截击球都要打深。

⑤不管击什么球后，都要向着对方可能回球的方向移动。

2. 防守性战术

绝大多数业余运动员往往缺乏耐久力，不能持续地发球上网，即不能在发球之后，冲向网前，用快速的直接得分击败对手。他们更喜欢留在后场。在较软的第二发球之后，或是在慢速球场上，这样做也确实是一种慎重的方法。

（1）调动对方

发球或接发球之后如果自己不上网，应该让对方也留在端线后面。这样，对方就不会有什么机会打出得分球来。事实上，在一次长的端线来回击球中，常会使对方失去耐心，急于取胜而失误。因此，端线打法的第一个关键是击球要深，再使用变化击球落点来调动对方，永远不要让对方有规律地移动。

（2）等候浅球出现

一个稳健型的端线运动员能很有规律地将球击过网，使对手陷入没完没了的、耗尽精力的来回球之中。对付他们的诀窍是耐心，不要性急，要等待浅球，即那种落在靠近发球线而远于网球线的球出现。浅球一出现，便迅速冲上前去击球，把球打得深，使对方在端线后面接球，然后连续到网前占据良好的、可以截击对方回球的位置，在这个位置上打出落点很好的截击球得分。

（二）双打战术

双打是团体的配合，应和同伴互相了解彼此的长处和弱点，以便能更好地配合作战。

1. 发球

如果双方都有人站在网前，那么回球的准确性要比回球的力量更重要。发球后，如果你的对手是直接上网的话，就应该杀球回击到对手的脚下或者交替地打一些有角度的球。

如果发球员仍然停留在底线附近，回击的球要深一些，并且占据网前优势。每一球开始的时候，队员应在底线附近接球，准备向前击球。其同伴应向后退一些，准备回击下一个球。

如果自己或同伴发球，就占据了很多优势。可以通过发球和截击球首先选择网前的位置。发球时，你的同伴应该站在网前靠近网的进攻位置上，在那里，他可以比较容易地接到中场的直线球和单、双区边线间的直线球。

站底线发球时，发出的球应比在单打比赛中的发球更有角度，以扼制对手有角度的回球。在每一个球开始时，应与同伴沟通。

2. 拦截球

在连续对打的任何时候，站位在网前的队员要随时拦截球，从对手的较高或者较慢的落地球中能够快速和容易地赢得 1 分，同时也为进攻创造了一个良好的机会。不要过早地移动去拦截斜线球，因为对手有可能改变计划去打单、双打区之间的直线球，你的同伴应该在底线保护另外一半场。

3. 截击球

如果你和同伴两人都站在网前时，要保持相等的距离一起侧向移动、向后移动或向前移动。你救球时，你的同伴必须停在空开的区域内。这时，对方可能打中场的进攻球来打乱你们的平衡。如果在比赛前你们就商量好当出现这种球时由谁来接球是最好的。你们两人都在网前时，对方可能会吊高球，你应示意你的同伴由谁来回这个球。

4. 双打站位

对初学者而言，个人击球技术的不纯熟是可以通过合理的双打战术来弥补的，而“站位”又是其中非常关键的一个环节。双打比赛中，一方的两个人应尽量避免站在同一个层面上，交错站位使两个人分别形成两道屏障，这样攻防才有层次感和安全感，否则极易被对方撕破防线。另外，站位一定要明确而坚决，特别当两个人的配合还不是十分默契的时候更应如此，积极补位的意识更是任何水平的双打选手都须拥有的。

第三节　乒乓球运动

乒乓球运动起源于 19 世纪后期的英国。1926 年 12 月国际乒乓球联合会在英国伦敦成立，同时举行了第 1 届世界乒乓球锦标赛。新中国成立后，乒乓球运动得到迅速的普及与发展。1952 年 10 月在北京举行了第 1 次全国乒乓球比赛。1959 年容国团在第 25 届世乒赛中获得第 1 个男子单打世界冠军。1961 年在北京举办的第 26 届世乒赛，中国队以自己独特的近台快攻技术，加上多种打法，取得男子团体、男子单打、女子单打 3 项冠军。1961—1965 年，中国选手创造了“快、准、狠、变”的近台快攻和以“稳、低、转、攻”为技术风格的种类打法，在五年期间举行的 3 届世乒赛中，中国选手共获得 21 项冠军中的 11 项次，从此中国乒乓球运动跻身于世界乒坛强国之列。

自 2001 年起国际乒联对比赛规则做出了重大改革，每局分数由 21 分改为 11 分，赛制规定单打的淘汰赛由原来的五局三胜制改为七局四胜制；双打淘汰赛和团体赛由原来的三局两胜制改为五局三胜制。

乒乓球运动是一项集力量、速度、柔韧、灵敏和耐力素质为一体的球类运动，同时又是技术和战术完美结合的典型。由于该项运动具有极为明显的竞技性特点和娱乐功能，又使其成为一项培养勇敢顽强、机智果断等品质和保持青春活力，调节神经的有效运动。从健身的角度而言，乒乓球运动对场地和器材的要求不高，对健身者身体条件的要求相对较为宽松，无论男女老幼均可以收到良好的健身效果。

一、乒乓球运动基本技术

乒乓球技术是在竞赛规则允许的条件下，所采用各种合理击球动作方法的总称。它主要由握拍法，基本站位，基本姿势，基本步法，发球和接发球，以及各种击球方法所组成。

（一）握拍方法

1. 直拍握拍法

常用的直拍握拍法有以下三种。

（1）快攻型握拍法

以食指的第二指节和拇指第一指节在拍的前面呈钳形，两指间距离 1～2 厘米，拍柄贴虎口，拍后三指自然弯曲贴于球拍 1/3 处。

（2）弧圈球握拍法

在球拍前面，拇指紧贴拍柄左侧，食指扣住拍柄成环状，其余三指在球拍后面自然弯曲，抵住球拍中部（图 4-11）。

（3）削球型握拍法

拇指在球拍前面拍柄左侧用力下压，其余四指自然分开托于拍后（图 4-12）。正手削球时球拍后仰，减少球的冲力；反手削球时，拍柄朝前下方，拍后四指应灵活地使球拍转动兜起来。反攻时，食指迅速移到拍前，以第二指节扣住拍前，拍后三指弯曲贴于拍的上端，改成快攻型。

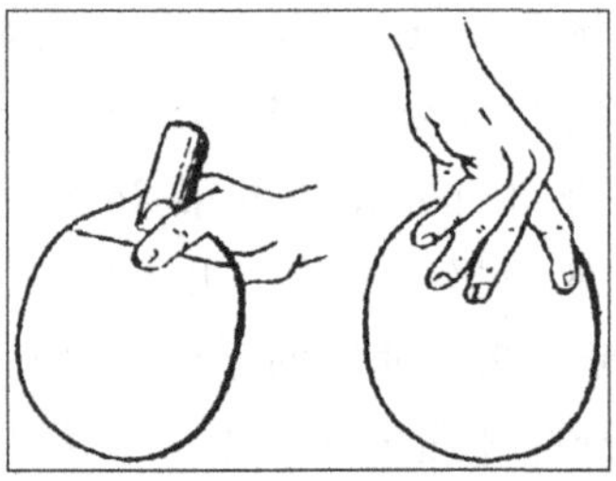

图 4-11

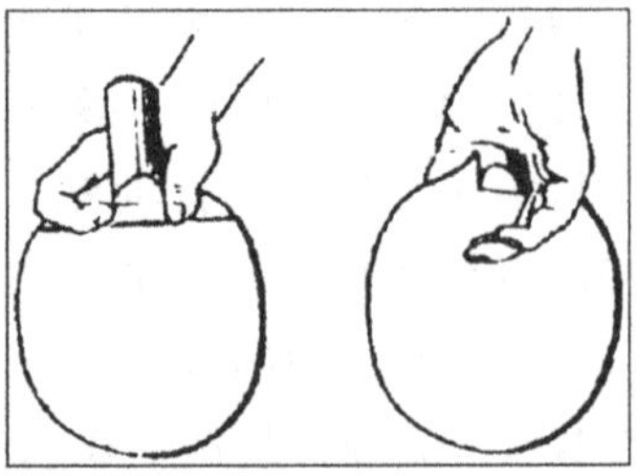

图 4-12

直拍握拍法的优点是正手攻球有力，变线时有隐蔽性，有利于进攻，能从速度、球路和力量上取得主动。缺点是反手击球时受身体阻碍不易起拍，反手不能用手腕力提拉球，攻和削球结合困难。攻、削转换要变换手指握法，防守时照顾范围小。

2. 横拍握拍法

横拍握拍法犹如握手一样，中指、食指、无名指、小指握住拍柄，虎口贴于拍肩，拇指略弯曲紧贴捏拍面，食指斜伸在拍的另一面。还有一种握法是正手攻球时食指向上移动，反手攻球时拇指向下移动（图 4-13）。

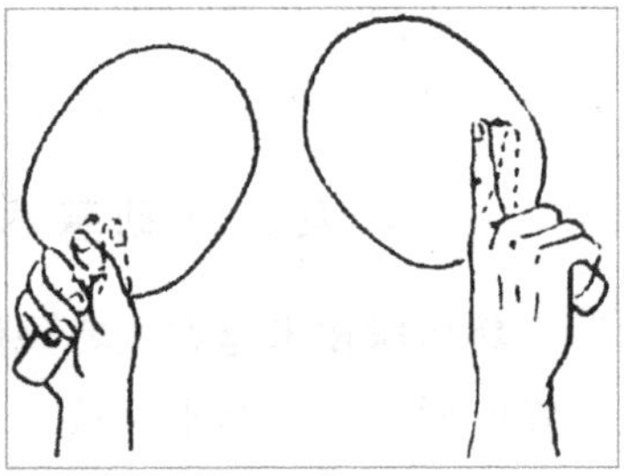

图 4-13

横拍握拍法的优点是照顾面广，可攻可削，反手攻、削球时手腕容易着力，威胁性比直拍反手大，攻削转换不需变动手指，这种握法有利于削球。

不管哪种握拍方法都应注意击球前后握拍不可过紧或过松，过紧会使手腕僵硬，过松会因拍面摇动而影响发力和击球的准确性；手指应能灵活调整拍面的角度，以提高击球命中率。

（二）准备姿势与站位

1. 准备姿势

击球时，合理而正确的准备姿势便于迅速移动步法，选择恰当的位置，及时准备准确地击球。准备姿势要做到：两脚平行站立与肩同宽或稍宽，保持身体平衡，脚跟稍提起，前脚掌内侧着地，两脚微屈内扣，稍微含胸收腹，上体略前倾，持拍手臂自然弯曲，直握拍时肘部稍外张，手腕放松，球拍置于腹部右侧前面 20～30 厘米处。横握拍时，肘向下，前臂自然平举（图 4-14）。

图 4-14

2. 站位

基本站位因打法类型不同，站位方法还应与每个人的特长相适应。

快攻型左推右攻打法的基本站位离台 30～40 厘米偏左。两面攻打法的基本站位离台 50 厘米左右中间略偏右。

以弧圈型打法为主的基本站位离台 50 厘米左右偏左（以右手执拍为例）。

削球型横拍攻削结合打法的站位在中台附近。以削为主配合反攻打法的基本站位在中远台。

（三）步法

步法指回击不同角度、不同落点的来球时，为取得合适的位置回击来球而进行的脚步移动方法。脚慢手快、步法很差是打乒乓球之大忌，必须重视步法。以步带手，手步结合方可得心应手。

1. 常用的步法

常用的步法有单步、换步、跳步、交叉步等步法。

单步：击球时以一只脚的前脚掌为轴，另一只脚向前、后或同侧移动一步，以取得合理的击球位置。

换步：击球时与来球同一侧脚先跨一步，另一只脚跟着移一步，以取得合理的击球位置。

跳步：击球时与来球异侧的脚用力蹬地后，双脚同时跳起向来球一侧移动，蹬地脚先落地后，另一只脚也跟着落地站稳，以取得合理的击球位置。这种步法重心稳，照顾面广。

交叉步：击球时与来球异侧的脚向来球一侧移动，以取得合理击球位置。一般在来球角度大时采用这种步法。

2. 各种类型打法的主要步法

快攻型打左推右攻的站位近台偏左，常左脚在前、右脚稍后。

以左右小范围快速移动为主配合较大范围的移动和前后移动，常用的是换步和跳步。

两面攻打法的站位近台，双脚平行站立，常用单步。

小侧身左右开弓击球步法是以小范围的换步和跳步相结合，配以其他步法。

弧圈型站位稍离台，因挥臂击球动作大，常需身体发力击球，照顾范围较大，要求重心稳定，步法以交叉步移动为主，配以其他步法。

削球型，防守时以交叉步为主，一旦转入进攻，常采用换步和跳步。

（四）乒乓球的基本技术

1. 攻球技术

攻球可分为正手攻球和反手攻球。按站位远近可分为近台、中台和远台攻球；按击球点和时间又可分为抽、拉、扣和杀高球等。攻球具有速度快、力量大等优点，是一项重要的基本技术。

（1）常用的正手攻球技术

①正手近台攻球。站位近，出手快，动作幅度小，可直接得分，也可以为扣球创造条件。击球前，引拍至身体右侧，上臂与身体成35度，与前臂成120度，球从台面弹起时，手臂由右侧向左侧上方迅速挥拍，以前臂发力为主。击球时，食指放松，拇指压拍使拍面前倾，结合手腕内转动作，在球上升期击球的中上部（图4-15、图4-16）。

图 4-15

图 4-16

②正手中台攻球。站位稍远，动作幅度较大，靠本身发力击球。击球时以上臂发力为主，带动前臂和手腕向左前上方挥动，在球最高点或下降期前段击球的中部。

③正手拉球。是回击下旋球的主要攻球技术，能为扣球创造条件。当球从最高点开始下降时，上臂和前臂由后前上方挥动，前臂迅速内收结合手腕转动，使球拍摩擦球的中下部。

④正手扣球。动作幅度大、力量重，是得分的主要技术。击球时，上臂带动前臂由后向前用力挥击，结合右腿蹬地和转腰力量在高点期击球。击上旋球，球拍略低于来球，击球中部。

⑤正手台内攻球。站位近，动作小，击球点在台内，是还击近网球的积极方法。当球跳至高点期，前臂内旋结合手腕转动击球。击上旋球时，食指放松，拇指压拍，使拍面前倾，向前用力多些；击下旋球时，拍面稍后仰，击球中下部，向上用力多些。

⑥侧身正手攻球。移动脚步使身体左侧对着球台，左脚在前，右脚稍后，上体略前倾并稍收腹，根据来球情况在侧身位打近台、中台、台内攻球、拉球或扣球。

⑦正手攻弧圈球。回击加转弧圈球（快带）时，在来球快着台时拉开手臂，球刚弹起即挥臂向前下方迎球，拍面前倾与台面成60度，球刚弹起时就立即回击，拍一触球前臂迅速内旋。击球时，拍与台面约成70度，击球的中上部，发力以向前为主。

⑧下手滑板球。声东击西辅助进攻技术，回球角度大，带有左侧旋，有时可直接得分，在高点期触球右侧面，触球瞬间顺势向左滑拍使球左侧旋。

⑨杀高球。动作大、力量重，是回击高球的一种有效技术，击球时上臂从下向上环

形挥拍，拍面前倾，前臂和手腕同时下压，在头与肩之间的高度击球中上部。

⑩放短球。回球快、落点近网，常作为拉攻中的辅助技术，以调动对方。击球前做击球姿势，当球从台面弹起时，手臂前伸迎球，来球如下旋转，拍面应后仰触球中部，快搓过网；来球如不转，拍面与台面近乎垂直，常借力或减力触球的中部，不要求主动发力。

（2）常用的反手攻球技术

常用的反手攻球技术有近台反手攻球（图 4-17、图 4-18）、反手中台攻球、反手拉球、反手扣球、反手台内攻球、反手快拨和反手近台攻（快拨）弧圈球等。

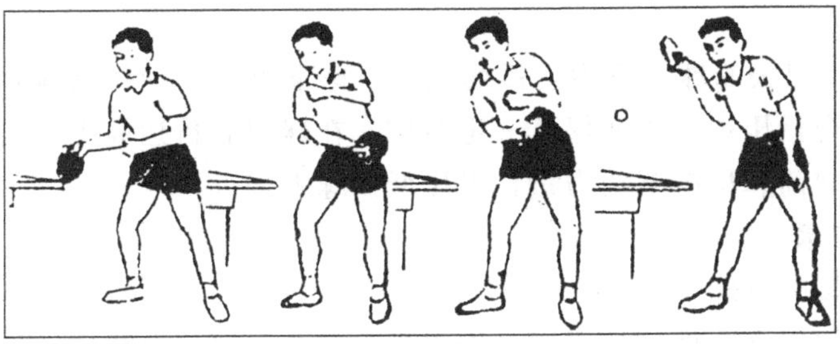

图 4-17

图 4-18

2. 推挡技术

推挡技术是左推右攻打法的主要技术之一（图 4-19）。特点是站位近、动作小、球速快，常用其速度、落点和旋转的变化争取主动，发挥近台快攻的作用。推挡球分为平挡和推挡球（减力挡、快推、加力推、推下旋和推挡弧圈球等）。

图 4-19

（1）平挡球

两脚平行或左脚稍前，身体离台约 50 厘米。击球前，前臂与台面平行伸向来球。拍触球时，前臂和手腕稍向前移动，主要借助来球和反弹力将球挡回，在上升期，击球的中部，拍形与台面接近垂直。击球后，迅速收回球拍，还原成击球前的姿势。

（2）推挡球

推挡球是左推右攻打法的基本技术之一。它动作小、球速快，既是防守技术也是进攻的辅助技术。常用的推挡球有快推、加力推、减力挡、推挡弧圈球和推下旋等。

①快推。左脚稍前，或两脚平行，自然开立，身体离台约50厘米。动作要领：持拍手上臂和肘关节内收，前臂略向外旋。击球时，前臂开始向前推击，同时手腕外旋，食指压拍，拇指放松使拍前倾。在上升期，击球中上部，将球快推回去，击球后手臂继续前送，手腕配合外旋使球拍下压。

②加力推。击球前，前臂后收，把球拍稍提高，并及时根据来球弹起的高度调整好拍形角度，在球弹起将达高点期时击球中上部。主要靠前臂向前推压发力，击球时，拍形应固定，手腕不加转动。

③推下旋。推出去的球是下旋，弧线较低，球下沉快。动作要领：准备击球时，手腕不要外旋转，拇指压拍，拍面保持一定后仰，在球弹起将达高点期时击球中下部，推击时应适当增大向前和稍向下的力量，以压低回球弧线。

3. 弧圈球技术

（1）正手加转弧圈球

击出的球弧线较高，球速较慢，上旋很强，着台后向下滑落快。这种球往往使对方击球出界或出球高，为扣球创造机会。打法是：当球从台面弹起时，手臂向前上方挥动，前臂在上肩带动下很快收缩。拍面与台面约成80度，在球下降期用拍摩擦球的中部或中上部。

（2）正手前冲弧圈球

击出的球弧线较低，球速快，前冲力大。打法是：当球从台面弹起时，腰部由右向左转动，前臂在上臂带动下发力，手腕略转动，拍面与台面约成50度，在高点期摩擦球的中上部。

（3）正后侧上旋弧圈球

击出的球有强烈的侧上旋，球着台会拐弯，给对方回球增加困难。

（4）反手弧圈球

多为横握拍采用，一般给正手抢攻、抢冲创造机会，也可直接得分。

（5）正胶小弧圈球

用正胶海绵胶皮拉出的弧圈球，是快攻型打法对付下旋球的一种辅助技术。

4. 削球技术

削球时，通过球的旋转和落点的变化调动对方，伺机反攻得分。削球分为正、反手削球。

（1）正、反手近削

击球动作较小，回球速度快，近削逼角时，对方回击困难。击球时身体离台稍近，拍面稍后仰，前臂用力向左（右）前下方切削，手腕配合下压。一般是在来球高点期摩擦球的中部或中下部（图4-20）。

图 4-20

(2) 正、反手远削

击球的动作大，球速较慢，弧形较长，击球较稳，利于旋转变化和防守对方的扣球。身体离台 1 米之外，击球时，手臂向左（右）前下方挥动，拍面后仰，手腕在拍与球接触的瞬间转动，在来球下降期摩擦球的中下部（图 4-21）。

图 4-21

此外，还有削追身球、削突击球、削弧圈球和削短球等。

5. 搓球技术

搓球技术是还击台内下旋球的一种技术。搓球回球稳健，旋转和落点变化较多，因此常用作进攻的过渡手段，搓球分正、反手搓球，根据击球时间又分为快搓和慢搓。在来球上升期，拍面稍后仰摩擦球的中下部为快搓球；来球下降时，拍面后仰摩擦球的中下部为慢搓球。搓球时可运用转与不转迷惑对方，转球用拍面摩擦球，不转则用拍面把球托出（图 4-22、图 4-23）。

图 4-22

图 4-23

6. 发球

发球是重要的基本技术，可选择最合适的位置，按照自己的意图发出各种各样的球，在战术上起积极配合作用。发球好，可直接得分或为下一板抢攻创造机会。

（1）正手发急球

抛球后，待球下落时前臂迅速由后向前挥动，拍面稍前倾，击球中上部。

（2）反手发急球

右手握拍于身体左侧，抛球后，待球下落时前臂迅速由后向前挥动，拍面稍前倾，击球的中上部。

（3）反手发急下旋球

与反手发急球的不同之处是拍同球接触瞬间拍面后仰，击球的中下部。击球点低于网高，手腕下压摩擦球，第一落点在本方球台的端线附近。

（4）发短球

与发急球相似，区别是击球时拍面稍后仰，轻轻击球的中下部。击球点与网同高，第一落点在本方球台中段。

(5) 正手发转与不转球

拍面后仰，用前臂挥动和手腕转动，摩擦球的中下部，则球转；拍与球接触瞬间，用球拍撞击球，减少摩擦力，球则不转。

(6) 正手发左侧上（下）旋球

抛球时，持拍手向右上方引拍，手腕外展。当球下落与网同高时，手臂迅速向左下方挥动，触球的瞬间手腕快速向左上方转动，使球拍从球的中部向左上方摩擦，出球左侧上旋。如手腕快速向左下方转动，使球拍从球的中部向左下方摩擦，则出球左侧下旋。

(7) 反手发右侧上（下）旋球

触球瞬间，手腕向上方转动，使拍从球的中部向右上方摩擦，出球右上旋；手腕向下方转动，使拍从球的中部向右上方摩擦，则出球右下旋。

(8) 高抛发球

身体侧对球台，持球手一侧距台 20 厘米，球应抛得高而直，待球下落到比网稍高时，挥臂击球，触球瞬间动作与发正手左侧上（下）旋球相同。

(9) 下蹲式发球

发球时，有立姿与半蹲抛球两种。下蹲式发球的动作：当球下落到比网稍高时，身体处于半蹲位，球拍由左向右前方挥动，摩擦球的右侧上（下）部，使球产生右侧上（下）旋转。

7. 接发球

随着发球技术的不断发展，对接发球技术也提出了越来越高的要求。接发球应根据自己打法特点和来球性能，决定用推、搓、削、拉、攻等技术。接发球时，应选择好位置，判准来球的旋转性能和落点。基本的接球方法是向对方球拍开始运动的方向回击。比如，对方球拍由左向右触球，就应向对方球台的左方回击；对方球拍由上往下触球，那就应向上回击。

二、乒乓球运动基本战术

（一）单打快攻类打法的基本战术

1. 发球抢攻

发球抢攻是快攻类打法利用发球争取主动，先发制人的一项主要战术，是比赛中重要得分手段。各种打法常用的发球抢攻战术有以下几种。

(1) 反手发右侧上（下）旋球后抢攻。

(2) 反手发急上（下）旋球后抢攻。

(3) 侧身用正手发左侧上（下）旋球后抢攻。

(4) 正手发右侧上（下）旋球后抢攻。

(5) 侧身正手发高、低抛左侧上（下）旋球后抢攻。

(6) 正、反手发转与不转球后抢攻等。

2. 对攻

对攻是指快攻类打法在相持阶段时，双方都企图利用速度、旋转、落点的变化和力量轻重，借以控制对方，达到力争主动的一种手段。

(1) 紧逼对方反手，伺机抢攻或侧身抢攻、抢拉。

(2) 压左突右。

(3) 调右压左。

(4) 攻两大角。

(5) 攻追身球。

(6) 变化击球节奏，加力推和减力挡结合，发力攻、拉与轻打轻拉结合，也可造成对手的被动局面。

(7) 改变球的旋转性质，如加力推后、推下旋，正手攻球后，退至中远台削一板对方往往来不及反应，可直接得分或创造机会球。

3. 拉攻

拉攻是以攻为主打法对付削球类打法的主要战术。

(1) 以拉反手为主，侧身突击（或拉冲）斜线后，进行扣杀或加力拉冲。

(2) 拉两角，突击（或拉冲）中路或直线后，扣杀或拉冲两角。

(3) 拉中路，突击（或拉冲）两角，再扣杀或拉冲空当。

(4) 拉正手伺机突击（或拉冲）后，连续扣杀或拉冲。这是用以对付正手较弱的削球选手的战术。

(5) 长拉短吊，伺机突击或拉冲，即在拉攻中利用吊短球或搓球引对方靠近球台再用突击（或拉冲）以及连续扣杀或拉冲。这是用以对付站位较远以稳削为主的选手的一项重要战术。

4. 搓攻

搓球是利用搓球的旋转变化和落点变化为进攻创造机会的战术。进攻型选手以此作为辅助手段，而削球类选手则以此作为反攻的重要手段。

(1) 以快搓短球为主，伺机进攻，即用搓短球控制对方，以便抢先进攻，这是进攻型选手之间常用的战术。

(2) 搓转与不转球至不同落点，伺机进攻，即用本身动作或倒换两面不同性能球拍搓出不同旋转球进行抢攻。

(3) 以稳搓防守为主，伺机进攻，这是以稳削为主的选手常用的一种战术，即用加转搓球为主控制对方，同时作为防御准备，遇有机会则用正、反手进行抢攻。

5. 接发球

接发球是与发球抢攻战术相抗衡的一项战术。其目的在于破坏对方发球抢攻战术的运用，争取形成相持或主动的局面。

(1) 用拉球、快拨或推挡回接，争取形成对攻的相持局面，这是比较主动的接发球方法。

(2) 用快搓短球回接，使对方难以发力抢攻（拉），力争下一板抢先进攻，切忌连续搓球，以免造成被动。

（3）用搓球或削球的旋转、落点变化来控制对方，以造成对方击球失误或形成相持局面，这是削球选手常用的接发球方法。

（4）接发球抢攻，这是比较积极、主动的回接方法，当正确地判断对方来球旋转性能并在击球位置较合适时，大胆运用，虽然难度较高，但效果较好，多为攻球手所运用。

（二）双打的基本战术

双打战术的运用必须根据双打配对的两位选手的思想风格、技术特点来确定，尽量充分发挥配对者各自的优势和特长。常见的基本战术：

（1）发球抢攻。可根据同伴抢攻的需要和对方接发球的水平发球。

（2）接发球抢攻。根据来球的性质，大胆进行抢攻或抢冲，主要攻击对方空当。

（3）连续攻击对方一点，再突袭另一点。

（4）交叉攻两角，伺机扣杀空当。

（5）控制强手、主攻弱手。

第五章　健美操

学习目标

★了解健美操的锻炼价值；

★掌握健美操训练的基本动作和练习方法。

健美操是一项优美、流行、生动活泼的运动项目。它是以有氧运动为基础，以健、力、美为特征，融体操、舞蹈和音乐为一体的身体练习。它按照全面协调发展身体的要求，组编动作套路，在音乐的伴奏下，达到增进健康、培养正确体态、塑造美的形体和陶冶情操的大众健身方式。同时，健美操又是一个竞技运动项目。

第一节　健美操运动概述

一、健美操运动的起源与发展

（一）健美操运动的起源

健美操的起源可追溯到两千多年前。古希腊人对人体美的崇尚举世闻名。他们喜爱采用跑跳、投掷、柔软体操和健美舞蹈等各种体育项目进行人体美的锻炼。而古印度很早就有瑜伽术，其中的一些姿势与当前流行的健美操所常用的基本姿势是一致的。由此可见，古代人对健身健美的追求是现代健美操形成与发展的基础。

19 世纪末 20 世纪初，欧洲出现了许多体操流派，他们在理论和实践上的创新对健美操的发展起到了推波助澜的作用。而 20 世纪 80 年代初，随着遍及全球的健身热和娱乐体育的发展，健美操以其强大的生命力风靡世界。美国是对世界健美操的发展有着重要影响的国家，其代表人物影视明星简·方达，根据自己的健身体会和经验，撰写了《简·方达健美术》一书。该书自 1981 年出版后，引起了世界的轰动。她通过现身说法，促进了健美操在世界范围内的推广。与此同时，自 1985 年开始，美国正式举办一年一度的健美操锦标赛，并确定了竞赛项目和规则，使健美操发展成为竞技性运动项目。

健美操不仅在美、英、法等国家迅速发展，而且在一些发展中的国家和地区也得到不同程度的开展。苏联很早就把健美操列入大、中、小学的体育教学大纲。在亚洲地区，日本、菲律宾、新加坡等国家也建有许多健美操活动中心及健身俱乐部，人们都开始将健美操作为自己的主要健身方式，由此形成了世界范围内的“健美操热”。

（二）我国健美操运动的发展

世界性的健美操热是于20世纪70年代末传到中国的。当时北京、上海、广州等地相继举办了各种健美操培训班。随后通过各种新闻媒介对国外各种健美操的介绍，逐步推动了健美操在中国的广泛开展。1984年，原北京体育学院成立了健美操研究组，接着上海体育学院成立了健美操教研室，率先开设了健美操课程。一些大专院校也根据国家教委对高校体育教学的要求，逐步开设了健美操普修或选修课，从而把中国的健美操从社会引向了学校。

1986—1988年，健身健美操和竞技健美操在中国得到了长足的发展。继1986年4月在广州举行的我国首次“全国女子健美操邀请赛”后，1987年5月在北京我国又成功地举办了首届正式的竞技健美操比赛“长城杯”健美操邀请赛。为了有组织、有计划地推动全国大学生健美操运动的发展，1992年2月，在北京成立了中国大学生体育协会健美操、艺术体操协会。1992年9月，中国健美操协会在北京的正式成立，标志着中国健美操运动进入到一个崭新的发展阶段。

二、健美操运动的特点和锻炼价值

（一）健美操运动的特点

目前，健美操种类繁多，分类方法也各不相同。因此，根据健美操的目的和任务，可以将其分为健身性健美操、竞技健美操和表演健美操三大类。

1. 健身性健美操的特点

（1）保持有氧代谢过程

健身性健美操的动作及套路设计，都是以保证健身者在运动过程中能够最大限度地摄入氧气并充分利用氧化来燃烧体内的糖原、突出燃烧脂肪作为能量供给为前提的，以此实现加快体内新陈代谢，重新建立人体更高机能水平的目的。在有氧运动中，呼吸系统、心血管系统及大脑中枢神经都得到良好的锻炼，特别是对于肥胖体形的人们来说，在消除体内多余脂肪、调节脂肪静态平衡、保持健康、增强体质等方面具有良好的效果。

（2）广泛的适应性

健身性健美操练习形式多样，多以徒手进行锻炼，不受场地、环境、气候等条件的影响，公园、厅堂、家里等地方，都能很好地进行锻炼；同时，健美操也可借助于轻器械进行锻炼，如哑铃、踏板、橡皮筋、健身球等，所产生的锻炼效果是显著的；另外，水中健美操对于中老年人和一些慢性病、身体创伤的康复病人能起到较好的辅助治疗作用。健身性健美操既可以在舞台上表演，也可以在大小聚会中娱乐。对一般人可选择低强度的有氧练习，达到锻炼身体、娱乐身心、保持健康的目的；而对具有较好身体素质并有意进一步提高训练水平的年轻人来说，可选择难度较高、运动量较大的竞技健美操作为练习的手段，满足其进取心要求。

（3）注重个体差异

健身性健美操以其生动活泼、轻松自如、随心所欲的运动形式早已被大众所接受。健身性健美操的动作套路形式多样化，节奏有快有慢，套路有长有短，动作有难有易，运动量和运动强度的大小可任意调节，适合于不同阶层、不同行业、不同年龄、不同性别、不同体质的人们进行锻炼，各种人群都能从健美操练习中找到合适自己的方式，都能从健美操练习中得到乐趣。

（4）健身的安全性

健身性健美操所设计的运动负荷及运动节奏，充分考虑了由运动而产生一系列刺激结果的可行性，使之适合一般人的体质，甚至弱体质的人都能承受的有氧范围。人们在平坦的地面上，在欢快的音乐声中，跟随快慢有序的节奏进行运动，十分安全，而且有效。

2. 竞技性健美操的特点

（1）高度的艺术性

健美操是一项追求人体健与美的运动项目，因此健美操属健美体育的范畴，具有高度的艺术性。

健美操的艺术性主要体现在其“健、力、美”的项目特征上。“健康、力量、美丽”是人类所追求的身体状况的最高境界，而健美操运动处处表现出“健、力、美”的特征，包含着高度的艺术性特质，使健美操不同于其他运动项目，这也正是人们热爱健美操运动的原因之一。

健美操动作协调、流畅、有弹性，练习者不仅锻炼了身体，增强了体质，而且从中得到了美的享受，提高了审美意识和艺术修养。健美操运动员在比赛中表现出的健美的体魄、高超的技术、流畅的编排和充沛的体力等，无不给观众留下深刻的印象，充分体现出健美操运动的“健、力、美”特征和高度的艺术性。

（2）强烈的节奏性

健美操动作具有强烈的节奏性特点，并通过音乐充分地表现出来，因此音乐是健美操运动不可缺少的组成部分。健美操音乐的特点是节奏强劲有力，旋律优美，具有烘托气氛、激发人们热情的效应。

健美操运动之所以深受人们喜爱，除了练习本身的功效性、动作的时代感外，很重要的因素之一是现代音乐给健美操带来了活力。健美操动作与音乐的强烈的节奏性使健美操练习更具有感染力，其比赛和表演更具有观赏性。

（3）高难度、高体能

健美操运动是靠人的身体语言来传递和表达内心信息的运动，是完成连续复杂和高难度动作的能力的运动。竞技健美操的成套动作必须展示连续的动作组合、柔韧性和力量，并在综合运用七种基本步法的同时，高质量地完美地完成各类难度动作。优秀的健美操运动员必须具备良好的身体素质、体能以及完美地完成主要强度的难度动作的能力。因此，高体能、高难度是当今竞技健美操的典型特点。

（4）仍保留着大众体育的特色

竞技健美操起源于传统的健身性健美操运动，其本质和基础的内容来源于健美操运动。运动技术水平的高低，在于运动员本身的体能、素质以及运用技巧的能力。不同年龄、不同体能的运动员，无论水平高低均可参加竞技健美操运动。因此，高水平的竞技健美操仍保留着大众化的特色。

3. 表演健美操

表演健美操主要是以在表演中展示自己的价值和魅力；在观赏中陶冶情操、净化心灵、促进健美操活动的广泛开展，满足人们展开和表现自我的需要为目的，在特定的活动、场合或节日庆典中进行表演，集观赏、娱乐为一体的体育节目。一般而言，健身健美操用于表演极其普遍，竞技健美操用于表演时可不受规则的限制。

（二）健美操运动的锻炼价值

1. 增强体质增进健康

经常从事健美操锻炼，对于心血管系统机能的提高具有十分显著的效果。它可以使心肌纤维增粗，心肌收缩力增强，心输出量增加，提高机体的供血、供氧能力。

健美操锻炼对呼吸系统的机能也有良好的影响。它能使呼吸肌变得强壮有力，使人体安静时的呼吸加深、次数减少，运动时吸氧量增大，从而大大提高机体的有氧代谢能力。

健美操锻炼还能提高消化系统的机能。由于健美操中的髋部全方位活动较多，因此，这能有效地刺激肠胃蠕动，增强消化机能，有助于营养物质的吸收和利用，从而提高对疾病的抵抗能力。

2. 改善体形培养端庄体态

健美操的独到之处，是它可以对身体比例的均衡产生积极的影响，特别是能增加胸背肌肉的体积，消除腰腹部沉积的多余脂肪，使体态变得丰满、线条变得优美。此外，通过经常性正确的形体动作训练，还能矫正不正确的身体姿势，培养正确端庄的体态，使锻炼者的形体和举止风度发生良好的变化。

3. 调节心理活动陶冶美好情操

健美操是在音乐伴奏下进行的身体练习。人们在欢乐的气氛中进行锻炼，不仅心情愉快，能很快忘却烦恼，身心得到全面调节，而且精神面貌和气质修养都会有所改善和提高。特别是健美操是一种群体运动，在集体场所进行锻炼，还能使练习者体验到个人与集体的关系，把“我”置于“我们”之中，起到协调人与人之间关系的作用。通过集体配合练习，还有助于增进友谊，结交朋友，提高群体意识。

4. 提高神经系统机能发展身体素质

健美操是一项要求力度和幅度的身体练习，经常参加健美操运动，可使肌肉的力量得到增强，肌腱、韧带、肌肉的弹性得以提高，有效地发展人体的力量和柔韧素质。另外，健美操动作的路线、方向、速度、类型、力度等的不断变化，可以加强人对动作的记忆力和再现力，提高神经系统的灵活性和均衡性，全面发展人的协调性。

健美操是具有较强艺术性的运动项目，经常从事该活动，可以增强节奏感、韵律感，提高认识美、鉴赏美、表现美和创造美的能力。

5. 医疗保健功能

健美操作为一项有氧运动，其特点是强度低、密度大，运动量可大可小，容易控制。因此，只要控制好运动的范围和运动量，除了对健康的人具有良好的健身效果外，对一些病人、残疾人和老年人而言，也是一种医疗保健的理想手段。如对于下肢瘫痪的病人来说，可做地上健美操和水中健美操的练习，以保持上体的功能，促进下肢功能的恢复等。

第二节　健美操的基本动作和练习方法

一、健美操的基本动作

（一）基本步伐

1. 基本步伐体系

健美操所有步伐可按冲击力分为三种：无冲击力动作、低冲击力动作和高冲击力动作，许多低冲击力动作同时也可做成高冲击力动作。而根据动作完成形式的不同，又可将基本步伐分为以下五类。

（1）交替类。两脚始终做依次交替落地的动作。

（2）迈步类。一条腿先迈出一步，重心移到这条腿上，另一条腿用脚跟、脚尖点地或吸腿、屈腿、踢腿等，然后向另一个方向迈步的动作。

（3）点地类。一条腿屈膝站立，另一条腿伸出，用脚尖或脚跟点地后还原到并腿位置的动作。

（4）抬腿类。一条腿站立，另一条腿抬起的动作。

（5）双腿类。双腿站立、身体重心在两条腿之间的动作。

2. 基本动作

（1）交替类

①踏步（原始动作）。是指两条腿原地依次抬起，依次落地。要求两条腿在下落时，踝、膝、髋关节依次有弹性地缓冲。

②走步。是指迈步向前走四步或向后退四步，然后反之。要求向前走时，脚跟先落地，过渡到全脚掌；向后走时则相反。

③一字步。是指一只脚向前迈步，另一只脚并于前脚，然后再依次还原。

④V 字步。是指一只脚向前侧方迈一步，先脚跟落地，过渡到全脚掌着地；另一只脚以同样方法向另一侧迈一步，成两脚开立 V 字形，屈膝，然后再依次退回原位。

⑤漫波步。是指一只脚向前迈出，屈膝，重心随之前移，另一只脚稍抬起，然后原

地落下；或者向后撤一步，重心后移，另一只脚稍抬起，然后原地落下。要求两只脚始终保持交替落地，身体重心随动作前后移动，但始终在两脚之间。

⑥跑步。是指两条腿交替腾空，依次落地缓冲，两臂屈肘摆臂。要点：落地屈膝缓冲，脚跟尽量落地。

（2）迈步类

①并步（侧并步为原始动作）。是指一只脚向侧迈出，另一只脚随之并拢屈膝点地；再向反方向迈步。要点：两膝始终保持弹动，动作幅度和力度可随风格而定。

②迈步点地。是指一只脚向侧迈一步，两条腿经屈膝移重心，另一只脚再向前、侧或后用脚尖或脚跟点地。要点：两膝同时有弹性地屈伸，重心移动轨迹呈弧形；上体不要扭转。

③迈步吸腿。是指一只脚迈出一步，另一条腿屈膝抬起，然后向反方向迈步。要点：经过屈膝半蹲，抬膝时支撑腿稍屈膝。

④迈出后屈腿。是指一只脚迈出一步，另一条腿后屈，然后向反方向迈步。要点：经过屈膝半蹲，支撑腿稍屈膝，后屈腿的脚跟靠近臀部。

⑤侧交叉步。是指一只脚向侧迈一步，另一只脚在其后交叉，随之再向侧迈一步，另一只脚并拢，屈膝点地。要点：第一步脚跟先落地，身体重心快速随着脚步而移动，保持膝、踝关节的弹动。

（3）点地类

①脚尖点地。是指一条腿稍屈膝站立，另一条腿伸出，脚尖点地，然后还原到并腿姿势。要点：支撑腿始终保持屈膝站立，并且随动作有弹性地屈伸。

②脚跟点地。是指一条腿稍屈膝站立，另一条腿伸出，脚跟点地，然后还原到并腿姿势。只可做向前和向侧的脚跟点地。要点：支撑腿始终保持屈膝站立，并且随动作有弹性地屈伸。

（4）抬腿类

①吸腿。是指一条腿屈膝抬起，落下还原。要点：支撑腿保持屈膝弹动，大腿上抬超过水平，上体保持正直。

②摆腿。是指一条腿站立，另一条腿以髋关节为轴摆动。

③踢腿。是指一条腿稍屈膝站立，另一条腿踢起，然后还原。要点：抬起腿不需很高，但要有控制；保持上体正直。

④弹踢腿（跳）。是指一条腿站立（跳起），另一条腿先向后屈，然后向前下方弹踢，还原。通常以高冲击力的形式出现。要点：腿弹出时要有控制，保持上体正直。

⑤后屈腿（跳）。是指一条腿站立，另一条腿向后屈膝，放下腿还原。通常以高冲击力的形式出现。要点：支撑腿保持弹性，两膝并拢，脚跟靠近臀部。

（5）双腿类

①并脚跳。是指两条腿并拢跳起。要点：落地缓冲有控制。

②分腿落。是指分腿站立屈膝半蹲，向上跳起，分腿落地屈膝缓冲。要点：屈膝半

蹲时，大、小腿夹角不要小于 90 度，空中注意身体的控制。

③开合跳。是指由并腿跳起，分腿落地；然后，再由分腿跳起，并腿落地。要点：分腿屈膝蹲时，两脚自然分开，膝关节沿脚尖方向微屈，膝关节夹角不小于 90 度，脚跟落地。

④半蹲。是指两条腿有控制地蹲。可分为并腿半蹲和分腿半蹲。要点：分腿半蹲时，两条腿左右分开稍大于肩（或与肩同宽），脚尖稍外开，屈膝时关节角度不得小于 90 度，膝关节对准脚尖方向，臀部向后 45 度方向下蹲，上体保持直立。

⑤弓步。是指两条腿前后分开，两只脚平行站立；蹲下、起来。要点：半蹲时后腿膝关节向下，大腿垂直于地面；重心始终在两只脚之间。

⑥提踵。是指两条腿脚跟抬起，落下脚跟稍屈膝。要点：两条腿夹紧，重心上提时，收紧腹部，落下时屈膝缓冲。

（二）常用上肢动作

1. 常用手型

（1）掌型。是指五指伸直并拢。

（2）拳型。是指握拳、拇指在外。

（3）五指张开型。是指五指用力伸直张开。

2. 上肢动作

（1）举。是指臂伸直向某方向抬起。

（2）屈臂。是指前臂与上臂角度不断减小。

（3）伸臂。是指前臂与上臂角度不断增大。

（4）屈臂摆动。是指屈肘在体侧自然地摆动。可依次和同时进行。

（5）上提。是指直臂或屈臂由下至上提抬起。如屈臂前提、直臂侧提。

（6）下拉。是指臂由上举或侧上举拉至身体两侧。

（7）胸前推。是指立掌，臂由肩部向前推。

（8）冲拳。是指屈臂握拳，由腰间猛力向前冲拳。

（9）肩上推。是指立掌，屈臂由肩部向上推。

（10）摆动。是指以肩关节为轴，手臂在 150 度以内的运动称之为摆动。

（11）绕和绕环。是指以肩关节为轴，手臂在 180～360 度之间的运动为绕；大于 360 度以上的圆周运动为绕环。

（12）交叉。是指两臂重叠成 X 形。

在进行上述上肢动作练习时，应注意肌肉的用力阶段，使动作富有弹性，避免上肢动作过分僵硬。

二、健美操的练习方法

健美操是综合性的、全面锻炼身体的运动项目，因此，应全面发展身体素质，才能适应项目发展的需要，提高运动技术水平。根据健美操的特点应重点发展以下素质。

（一）力量素质

1. 上肢力量

应重点发展肩带肌、肱二、肱三头肌、胸大肌的力量。腰腹力量：应重点发展腹部和背部肌群的力量；下肢力量：以发展弹跳力量为主。

2. 发展力量素质应注意

力量训练以动力性练习为主，在保证动作技术的情况下，尽量快速完成动作，培养肌肉快速收缩、放松的能力，来适应健美操在快速运动中完成动作的特点。力量训练应与柔韧、放松练习相结合，以便提高肌肉的弹性和伸展性。

（二）柔韧素质

成套动作中，大幅度的踢腿和跳步能充分地体现运动员的柔韧性，良好的柔韧性是完成一些难度动作和高质动作的基础。

应重点发展双肩、腰、腿及髋关节的柔韧性。肩部应重点发展肩的伸展性和灵活性。腿部应重点发展体前、体侧的伸展性及控制力。腿、胯部应重点提高大幅度快速踢腿的能力，腿的控制能力以及髋关节的灵活性。

发展柔韧性的方法及注意事项：发展柔韧性有主动和被动两种方法。主动柔韧性练习更接近于实际需要，而被动柔韧性练习则能有效地提高柔韧性。发展柔韧性要与放松练习交替进行，主动和被动相结合，综合地进行训练。

（三）协调性

协调性是身体素质中最不好练、最不容易提高的一项素质。但它却是健美操所必需的素质之一。协调性可通过各种舞蹈组合、徒手体操、健美操跑跳动作组合来提高。进行组合练习时应选择需要上下肢、躯干、头等多身体部位相互配合，具有一定复杂性的动作。协调性训练应经常变换舞蹈、徒手体操、健美操等组合的练习内容，动作编排应对称与不对称相结合，节奏快、慢、变节奏相结合，选择的动作注意不同的肌群同时参加运动，特别是小肌群参加运动的动作。

（四）耐力素质

发展一般耐力素质的常用方法有中长跑、变速跑、规定时间的各种原地跳及跳绳等，还可将身体各部的力量练习方法编成一组，进行循环练习。

第三节　健身健美操的编排原则

全面发展身体是健身健美操的锻炼宗旨，所以健身健美操在编排中应该注意全面性、针对性、合理性和艺术性。

一、健身健美操编排的全面性原则

全面性是健身健美操创编的基本原则，坚持全面性原则主要体现在以下两个方面。

（一）身体各部位的全面性

为了达到全面发展的目的，在创编成套健身健美操时，要根据人体解剖学的特征，尽可能充分调动整个身体参与运动，使身体各部位的肌肉、关节、韧带及内脏器官得到全面锻炼。创编时还应注意，保持人体左右两侧动作的对称性，使人体匀称、和谐、全面地发展。

（二）运动变化的全面性

健美操练习时，动作的设计和路线的设计直接影响健美操对人体锻炼的效果。因此，创编健身健美操时应当考虑动作的方向有上下、左右、前后、斜向等变化，动作的路线应当有长短、曲直的搭配，动作的幅度、速度、力量方向有大小、快慢、强弱的对比。动作的变化有助于改善神经系统功能状况，通过改变运动位置、方向、节奏、路线以影响不同的肌肉群，通过单一动作和复合性动作的变化来培养人体的协调性，提高关节的灵活性。

二、健身健美操编排的针对性原则

健身健美操的创编主要针对不同的目的和任务，锻炼者的年龄、性别以及场地器材等情况和特点，使创编切合实际，有所侧重，有的放矢，以取得实效。坚持针对性的原则主要体现在以下三个方面。

（一）根据任务创编

健身健美操根据不同的锻炼任务，表演或比赛进行创编，在创编时动作的选择和量的分配可视任务有所侧重。例如：

（1）为培养正确的身体姿态所创编的形体健美操，就要选择比较规范的动作和优美的姿态及造型，系统地设计整个套路。

（2）为防治职业病创编的医疗保健操，就要考虑长期处于某种姿势而造成身体某部位不易活动到的地方，选择动作时要多设计一些增加局部活动量的动作和伸拉动作，以便改善和防治不良姿势造成的疾病。

（3）为发展下肢力量和增加心肺功能而创编的素质练习操，则要多创编一些走、跑、跳跃的动作，并且变换节奏、速度以调节运动负荷，增加心肺功能的活动量。

（4）如为表演或比赛创编的健美操，就要考虑创编一些表演性强的，能增加气氛的动作和体现人体力量、柔韧、协调、节奏感、表现力等综合能力方面的动作，以及配合、托举、交流等动作。

（二）因人而异创编

创编时要根据不同年龄、性别、运动水平、文化层次的练习者对健身健美操的需求、爱好及接受能力做到区别对待，在编排的内容、风格、速度、难度以及运动负荷等方面有所不同。

创编儿童健美操时，应选择一些欢快、活泼、造型美观具有儿童特点的动作，还可采用一些游戏性质的内容和模仿性的动作，以提高儿童的兴趣；创编青年健美操时，应选择健美大方、积极向上、充满活力、体现时代特征，富有艺术性和表现力强的动作；在创编女子健美操时，应选择柔美大方、刚柔相济、小关节活动较丰富的动作和一些舞蹈性强的操化动作，以展示女子娇健身姿和协调灵活的特点；在创编男子健美操时要选择一些能体现男子阳刚之气，豪迈奔放，力度感强，能展示男子强壮体魄的健美造型动作及跳跃动作；创编老年健美操时，应选择一些动作简单易学，幅度小，速度缓慢的摆动、弹性和伸拉动作，以利于肢体关节的运动，达到开阔胸怀、振奋精神、舒展筋骨、延缓衰老、延年益寿的目的。

（三）因地制宜的创编

健身健美操的创编除要针对不同的任务和对象外，还要考虑场地器材等实际条件，如没有室内或良好的地面条件，不宜创编更多的地面动作。若具备一定的器材设备，还可创编一些轻器械健美操，以增加运动负荷，增强肌力，丰富操的内容，变化创编形式，增强锻炼的效果。常用的健身健美操练习器材有哑铃、花球、银环、沙锤、实心球、体操棍、拉力皮条、踏板、椅子和垫子等。

三、健身健美操编排的合理性原则

健身健美操主要注重身体锻炼的实效性，而一套健身健美操的锻炼功效首先取决于该操动作的选编、动作顺序的设计和运动负荷的合理安排。因此，合理性原则是体现健身健美操科学性，从而取得锻炼实效的一项重要原则，坚持合理性原则主要体现在以下三个方面。

（一）合理选编动作

健身健美操动作的选择是有益于健康，尊重人体的自然发展规律，安全可靠而不易造成损伤的动作。选择不同的动作，对身体的影响程度则不同。因此，在创编每节操时要选择对完成该节锻炼任务有切实作用的动作，达到锻炼效果。

（二）合理设计动作的顺序

根据人体运动的生理规律，身体运动顺序应该由局部到整体，动作速度由慢到快，动作的幅度由小到大，动作的强度由弱到强，高潮在跳跃运动部分，最后还需要整理拉伸放松。所以动作的设计也应该遵循这样的规律。

（三）合理安排运动负荷

健身健美操运动的运动负荷安排应符合人体运动的生理曲线要求，即心率变化由低向高逐渐呈波浪式上升，随之慢慢下降，逐渐恢复到安静状态。运动负荷受运动速度、动作频率、重复次数、时间长短、动作幅度、肌肉的用力程度等因素影响。

四、健身健美操编排的艺术性原则

健美操是一项结合了体操、舞蹈、音乐等项目特点的综合性体育锻炼项目，它吸收了新的舞蹈与舞蹈中独特的动作并加以改编形成了风格各异、形式独特的健美操，它之所以很快被人们接受，正是来源于它独有的艺术魅力和健身的实效性。使人从中得到一种极大的乐趣，坚持艺术性原则主要体现在以下三个方面。

（一）音乐选配的艺术性

音乐是健美操的灵魂，它影响着健美操的风格、结构速度、节奏及成套的效果，音乐选配得好，容易激发编操者的创作灵感和练习者的锻炼激情。因此，在选配音乐时应注意音乐要与健美操的风格统一。音乐的旋律要动听，力求新颖，富于变化，节奏鲜明，强劲有力，具有时代感。

（二）动作设计的艺术性

健身健美操的动作设计应符合健与美的特点，既要体现健康有力度的动作，又要体现优美的舞姿和造型，在成套动作设计中，要注意舞蹈动作的风格统一，同时还要注意舞蹈动作应与健美操的特点相结合，动作的特点应热情奔放，清晰有力，富有特色，动作与动作的连接自然流畅、巧妙，切忌杂乱无章。

（三）队形变化的艺术性

在成套动作中，新颖多变的队形变化会使成套动作充满生气，丰富多彩，提高成套动作的观赏性。在编排队形变化时，要根据整体的动作特点，掌握好队形变化的角度、路线、顺序，动作安排的合理程度以及动作之间的衔接，队形之间的衔接都要给人一种自然、流畅、巧妙、新颖的感觉，以争取成套动作的最佳效果。

第四节　全国第三套大众健美操锻炼标准 1、2 级规定动作

一、1 级规定动作（动作演示：靳倩）

（一）预备姿势（图 5-1）

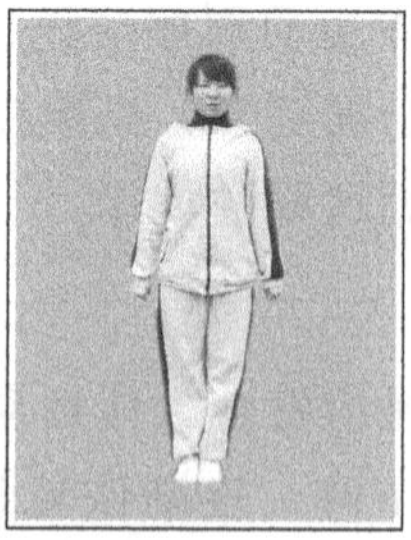

图 5-1

（二）第一个组合

1. 第一个组合 1×8（图 5-2）

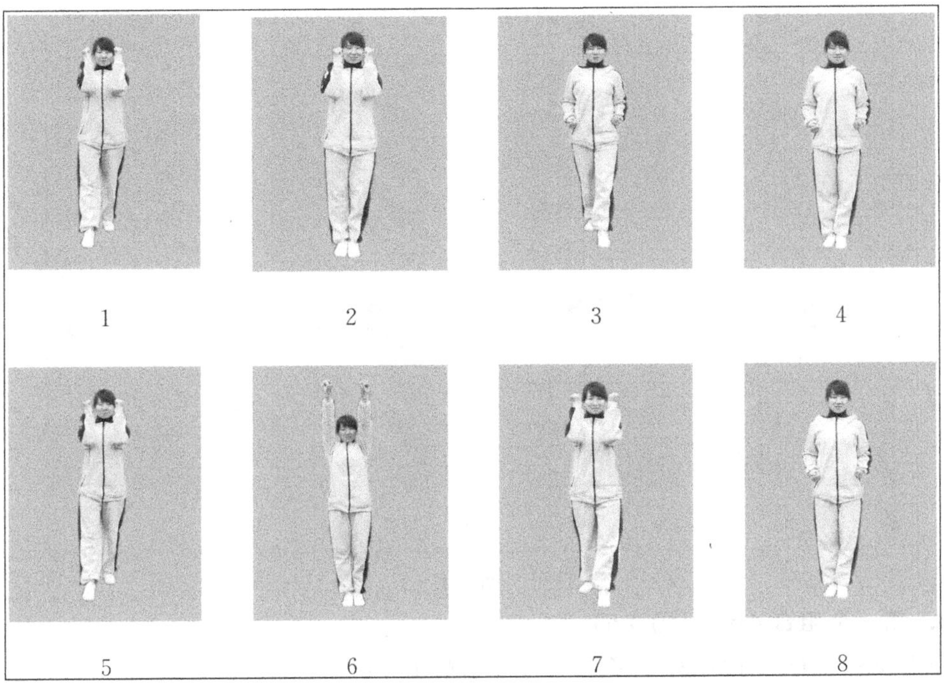

图 5-2

下肢动作：右脚开始一字步两次。

上肢动作：1～2 拍双臂胸前屈，3～4 拍后摆，5 拍胸前举，6 拍上举，7 拍胸前举，8 拍放于体侧。

2. 第一个组合 2×8（图 5-3）

下肢动作：1～4 拍右脚向前三步吸腿，5～8 拍左脚后退三步吸腿。

上肢动作：1 拍双手前平举，2 拍双手放于体侧，3 拍侧弯举，4 拍双手胸前击掌；5～8 拍同 1～4 拍。

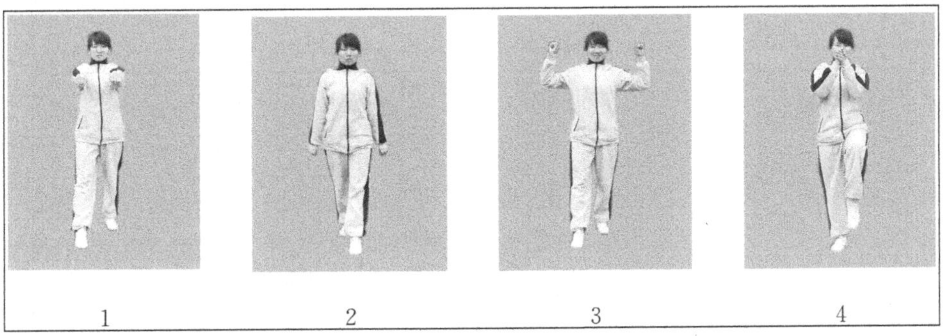

图 5-3

3. 第一个组合 3×8（图 5-4）

下肢动作：1～2 拍右脚侧并步，3～4 拍左脚侧并步，5～8 拍右脚向右连续 2 个侧并步。

上肢动作：1 拍右臂侧弯举，2 拍还原，3 拍左臂侧弯举，4 拍还原，5 拍双臂胸前平举，6 拍还原，7～8 拍同 5～6 拍。

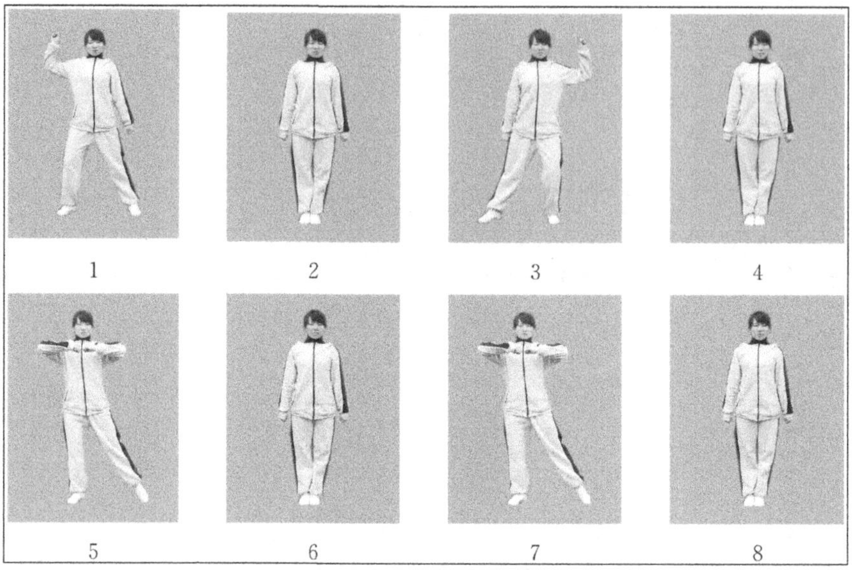

图 5-4

4. 第一个组合 4×8（图 5-5）

下肢动作：1～4 拍左脚十字步，5～8 拍踏步 4 次。

上肢动作：1～4 拍双臂自然摆动，5 拍击掌，6 拍还原，7～8 拍同 5～6 拍。

5～8×8 拍动作同 1～4×8 拍，但是方向相反。

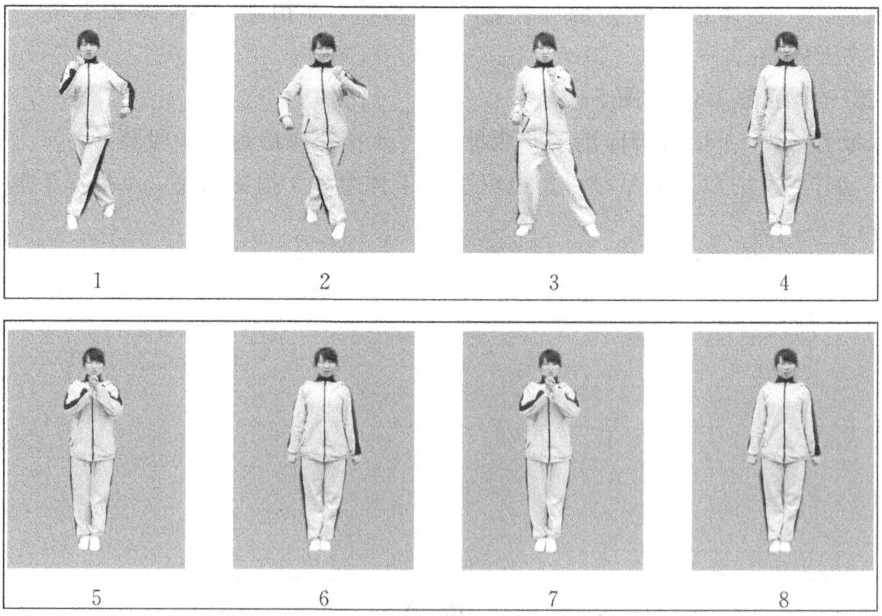

图 5-5

（三）第二个组合

1. 第二个组合 1×8（图 5-6）

下肢动作：1～8 拍右脚开始前点地 4 次。

上肢动作：1 拍双臂屈臂右摆，2 拍还原，3 拍双臂屈臂左摆，4 拍还原，5 拍右摆成右臂侧斜上举，左臂胸前平屈，6 拍还原，7～8 拍同 5～6 拍，但方向相反。

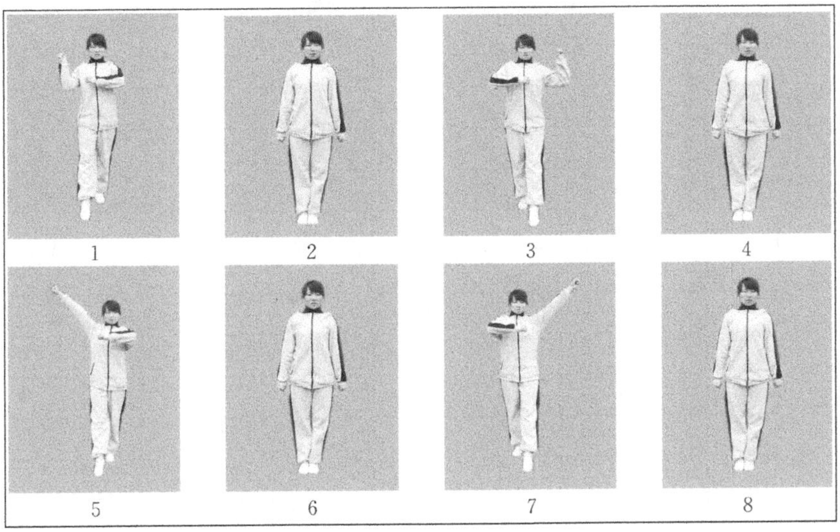

图 5-6

2. 第二个组合 2×8（图 5-7）

下肢动作：1～4 拍右脚开始弧形走 270 度，5～8 拍并腿半蹲 2 次。

上肢动作：1～4 拍双臂自然摆动，5 拍双臂前举，6 拍右臂胸前平屈同时上体右转，7 拍双臂前举，8 拍放于体侧。

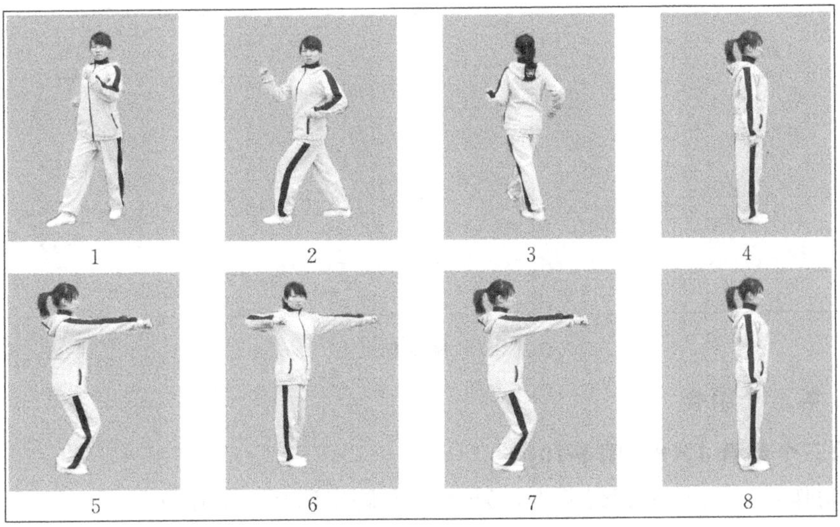

图 5-7

3. 第二个组合 3×8（图 5-8）

下肢动作：1～4 拍左脚上步吸腿同时转体 90 度，5～8 拍右脚上步吸腿。

上肢动作：1 拍双臂前平举，2 拍屈臂后拉，3 拍双臂前平举，4 拍还原，5～8 拍同 1～4 拍。

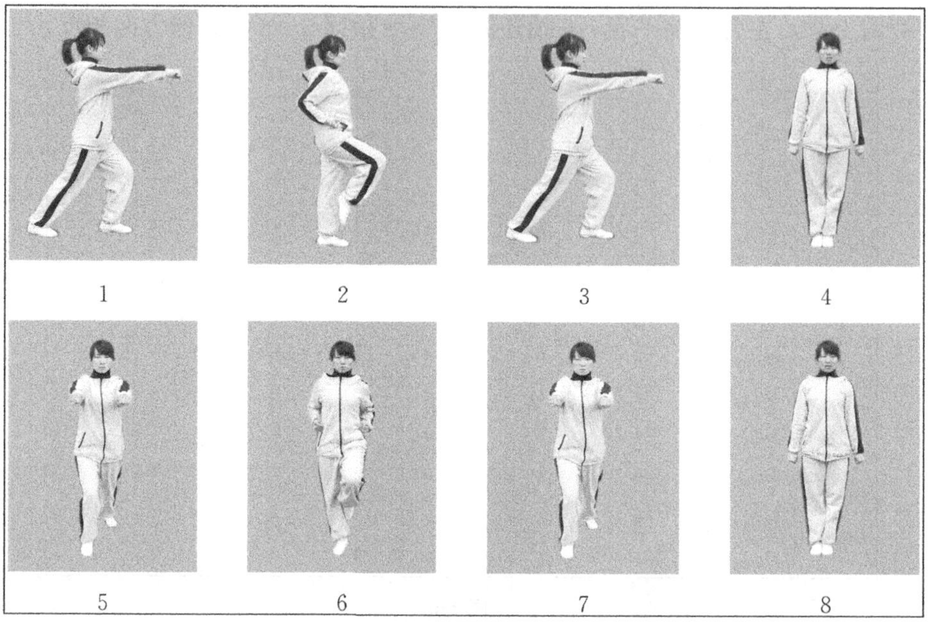

图 5-8

4. 第二个组合 4×8（图 5-9）

下肢动作：1～2 拍左脚后屈腿，3～4 拍右脚后屈腿，5～8 拍同 1～4 拍。

上肢动作：1～8 拍双臂自然摆动，5～8×8 拍动作同 1～4×8 拍，但是方向相反。

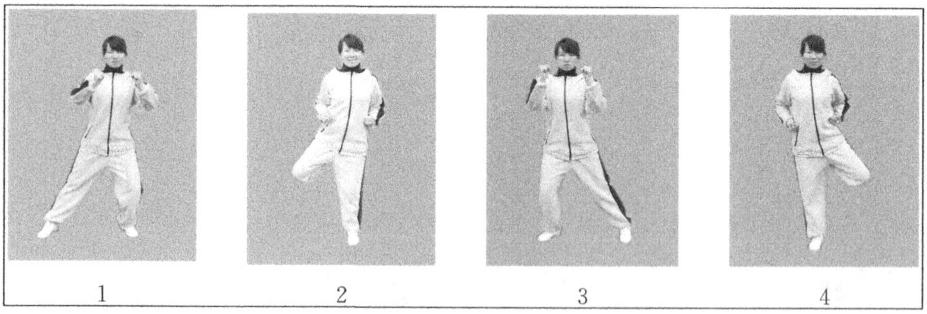

图 5-9

（四）第三个组合

1. 第三个组合 1×8（图 5-10）

下肢动作：1～4 拍右脚交叉步，5～8 拍左脚半蹲后并拢站立。

上肢动作：1～3 拍双臂经侧至上举，4 拍胸前平举，5～6 拍双臂前平举，7～8 拍放于体侧。

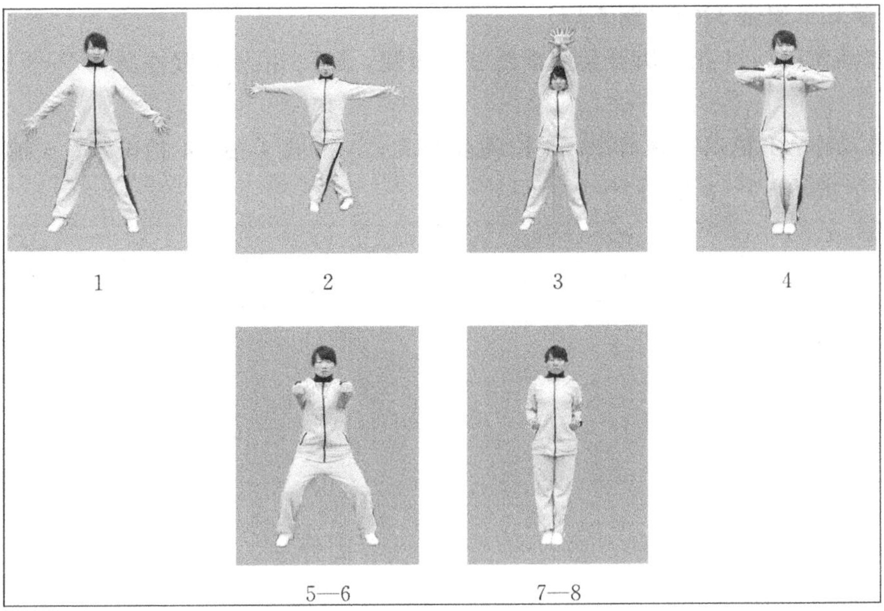

图 5-10

2．第三个组合 2×8（图 5-11）

下肢动作：1 拍右脚侧点地，2 拍还原，3 拍左脚侧点地，4 拍还原，5～8 拍右脚连续 2 次侧点地。

上肢动作：1 拍右手直臂左前拳，左臂屈肘于腰间，2 拍双臂屈肘于腰间，3～4 拍同 1～2 拍但动作相反，5～8 拍同 1～2 拍重复 2 次。

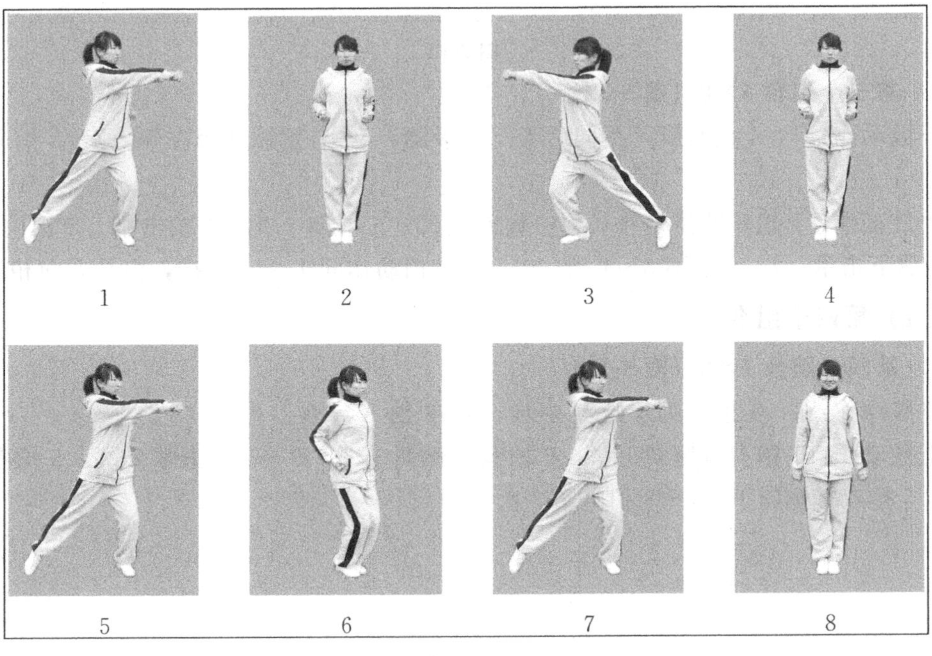

图 5-11

3. 第三个组合 3×8（图 5-12）

下肢动作：1～4 拍右脚开始向前走三步吸腿，5～6 拍原地吸左腿，7～8 拍原地吸右腿。

上肢动作：1 拍双臂侧弯举，2 拍胸前交叉，3 拍同 1 拍，4 拍击掌，5 拍同 1 拍，6 拍左腿下击掌，7～8 拍同 3～4 拍。

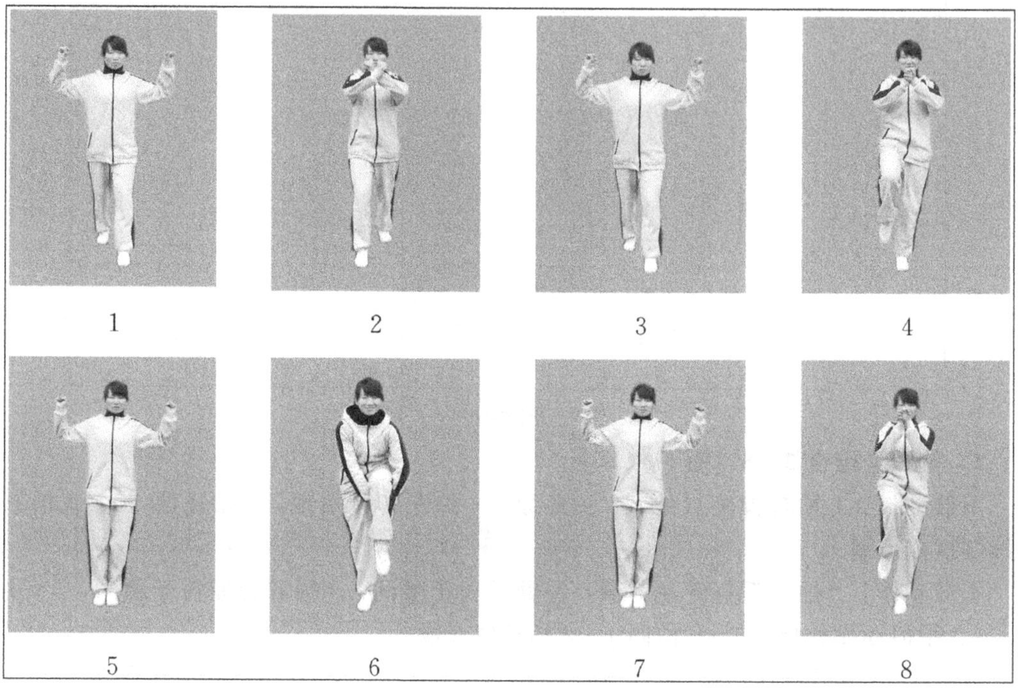

图 5-12

4. 第三个组合 4×8（图 5-12）

下肢动作：1～4 拍右脚开始向后走三步吸腿，5～6 拍原地吸左腿，7～8 拍原地吸右腿。

上肢动作：1 拍双臂侧弯举，2 拍胸前交叉，3 拍同 1 拍，4 拍击掌，5 拍同 1 拍，6 拍左腿下击掌，7～8 拍同 3～4 拍。5～8×8 拍动作同 1～4×8 拍，但是方向相反。

（五）第四个组合

1. 第四个组合 1×8（图 5-13）

下肢动作：1～4 拍右脚开始 V 字步，5～8 拍 A 字步。

上肢动作：1 拍右臂侧斜上举，2 拍双臂侧斜上举，3～4 拍击掌 2 次，5 拍右臂侧斜下，6 拍双臂侧斜下，7～8 拍击掌 2 次。

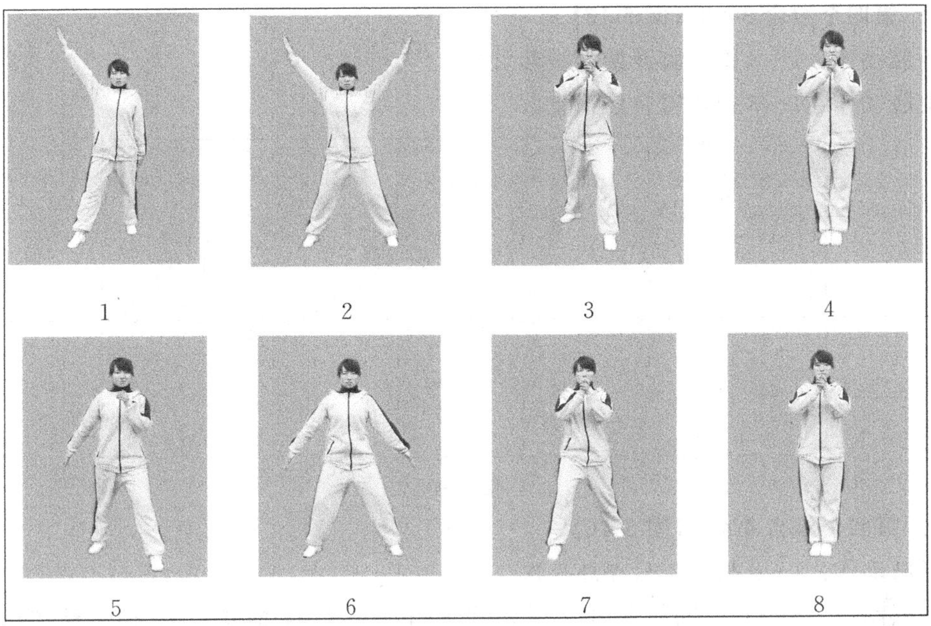

图 5-13

2. 第四个组合 2×8（图 5-14）

下肢动作：1～2 拍右脚弹踢腿，3～4 拍左脚弹踢腿，5～8 拍右脚连续 2 次弹踢腿后并脚。

上肢动作：1 拍双臂前平举，2 拍下摆，3～4 拍同 1～2 拍，5 拍同 1 拍，6 拍胸前平屈，7～8 拍同 1～2 拍。

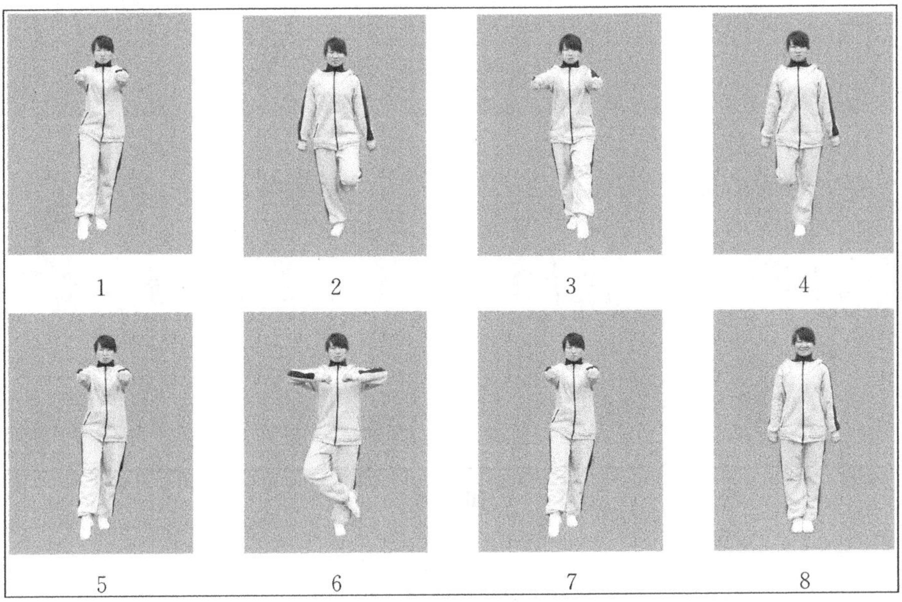

图 5-14

3．第四个组合 3×8（图 5-15）

下肢动作：1～8 拍左脚开始曼波步 2 次。

上肢动作：1～8 拍双臂自然摆动。

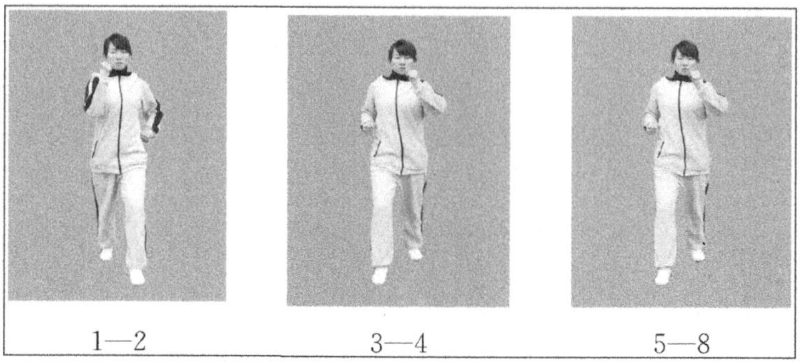

图 5-15

4．第四个组合 4×8（图 5-16）

下肢动作：1～8 拍迈步后点地 4 次。

上肢动作：1 拍右臂胸前平屈，2 拍右臂左下压，3～4 拍同 1～2 拍但动作相反，5 拍右臂侧斜上举，6 拍右臂左下压，7～8 拍同 5～6 拍但动作相反。5～8×8 拍动作同 1～4×8 拍，但是方向相反。

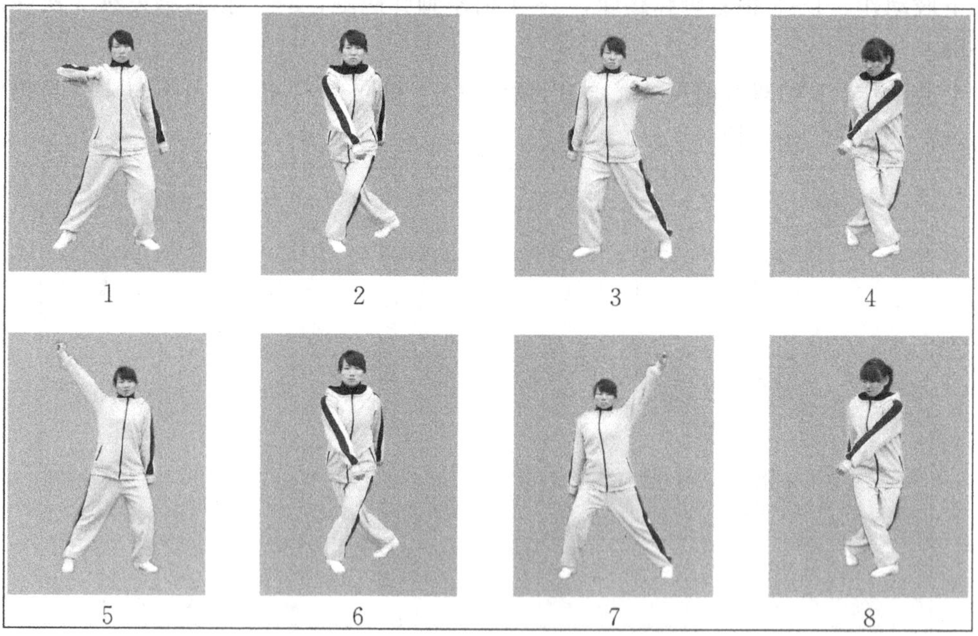

图 5-16

（六）有氧部分结束动作（图 5-17）

图 5-17

二、2 级规定动作（动作演示：杨盼盼）

（一）预备姿势（图 5-18）

图 5-18

（二）第一个组合

1. 第一个组合 1×8（图 5-19）

下肢动作：1～4 拍右脚十字步，5～8 拍向后走 4 步。

上肢动作：1 拍右臂侧举，2 拍左臂侧举，3 拍双臂上举，4 拍下举，5～8 拍屈臂自然摆动。

2. 第一个组合 2×8（图 5-19）

下肢动作：1～4 拍右脚十字步，5～8 拍向前走 4 步。

上肢动作：1 拍右臂侧举，2 拍左臂侧举，3 拍双臂上举，4 拍下举，5～8 拍屈臂自然摆动。

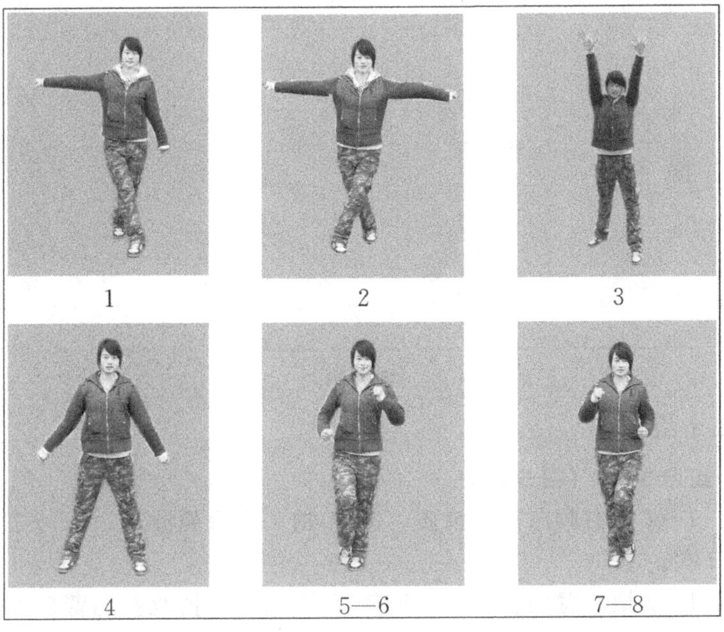

图 5-19

3. 第一个组合3×8（图5-20）

下肢动作：1～6拍6拍漫步，7～8拍1/2曼波步。

上肢动作：1～2拍右手分指前举，3拍双手叉腰，4～5拍左手分指前举，6拍双手胸前交叉，7～8拍双臂侧后下举。

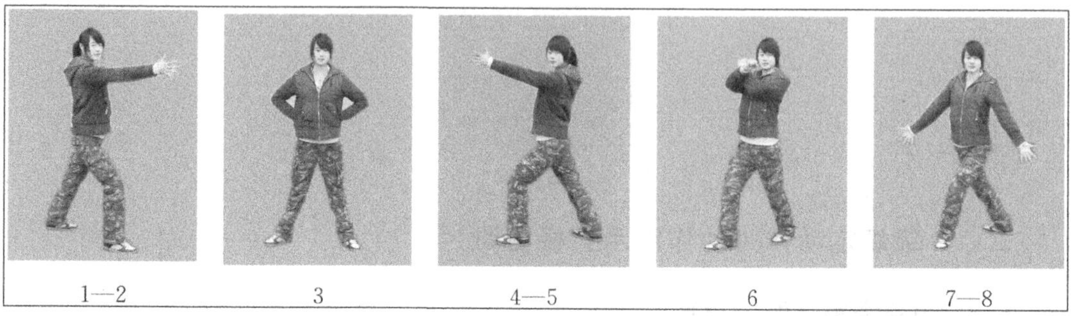

图5-20

4. 第一个组合4×8（图5-21）

下肢动作：1～2拍右脚向右并步跳，3～8拍左脚向右前方做6拍前、侧、后漫步。

上肢动作：1～2拍屈左臂自然摆动，3～4拍前平举弹动2次，5～6拍侧平举，7～8拍后斜下举。5～8×8拍动作同1～4×8拍，但是方向相反。

图5-21

（三）第二个组合

1. 第二个组合1×8（图5-22）

下肢动作：1～2拍右脚向右侧滑步，3～4拍1/2后曼波步，5～8拍左脚开始向左前方做侧并步2次。

上肢动作：1～2拍右臂侧上举，左臂侧平举，3～4拍双臂屈臂后摆，5～6拍击掌3次，7～8拍双手叉腰。

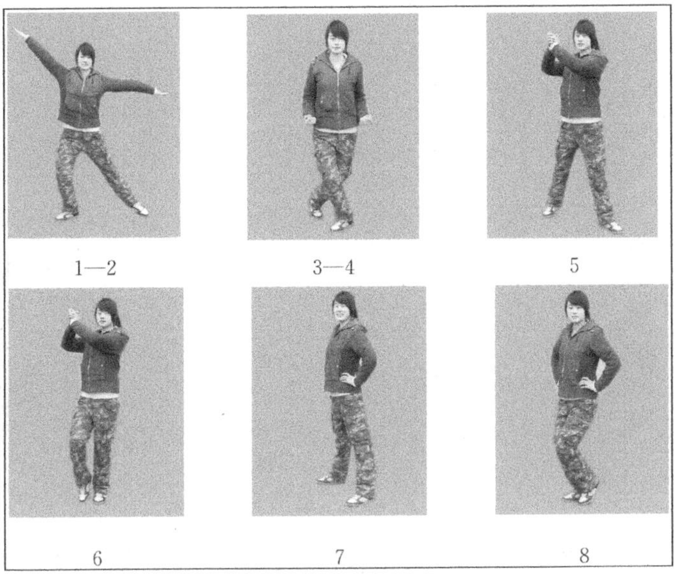

图 5-22

2. 第二个组合 2×8（图 5-23）

下肢动作：1～4 拍左脚开始向左后方做侧并步 2 次，5～6 拍左脚向左侧滑步，7～8 拍 1/2 后曼波步。

上肢动作：1～2 击掌 3 次，3～4 拍双手叉腰，5～6 拍左臂侧上举，右臂侧平举，7～8 拍双臂屈臂后摆。

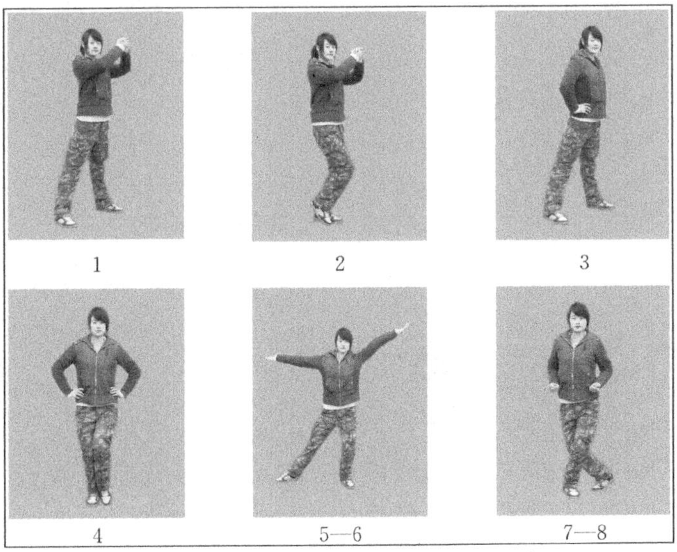

图 5-23

3. 第二个组合 3×8（图 5-24）

下肢动作：1～4 拍右转 90 度，上步吸腿 2 次，5～8 拍 V 字步左转 90 度。

上肢动作：1～4 拍双臂向前冲拳，向后下冲拳 2 次，5～8 拍双臂由右向左水平摆动。

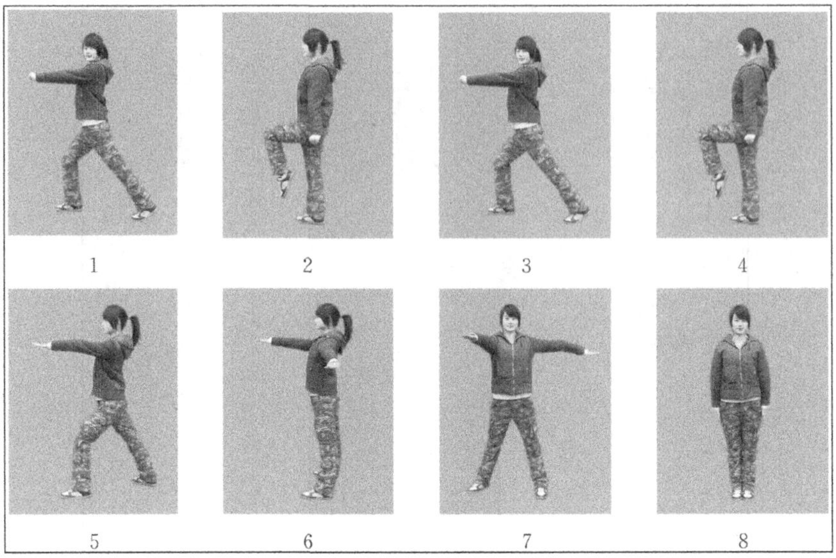

图 5-24

4. 第二个组合 4×8（图 5-25）

下肢动作：1～4 拍左腿吸腿侧点地再吸腿后还原，5～8 拍动作同 1～4 拍但方向相反。

上肢动作：1 拍双臂胸前平举，2 拍左臂上举右臂下举，3 拍同 1 拍，4 拍还原，5 拍同 1 拍，6 拍同 2 拍但方向相反，7～8 拍同 3～4 拍。5～8×8 拍动作同 1～4×8 拍，但是方向相反。

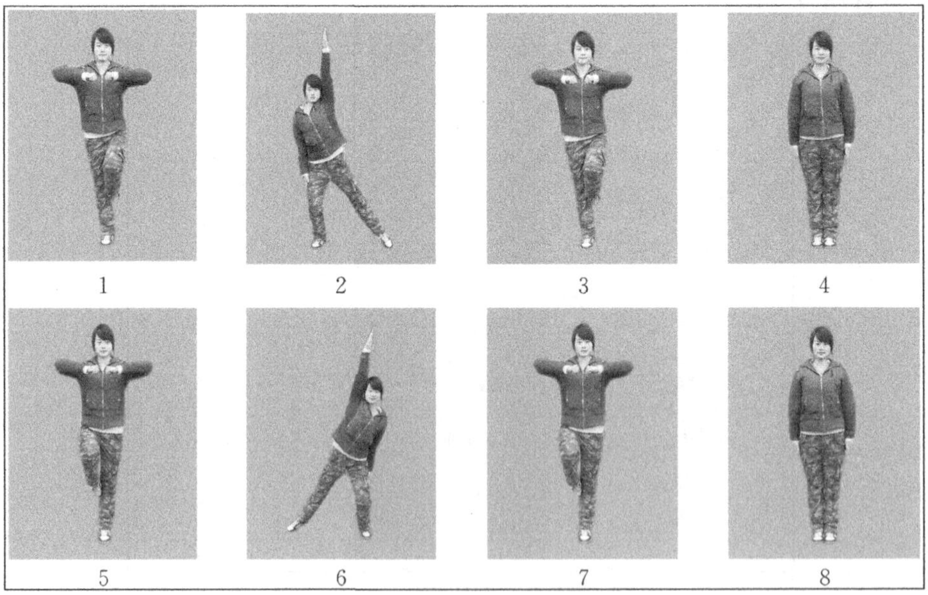

图 5-25

（四）第三个组合

1. 第三个组合 1×8（图 5-26）

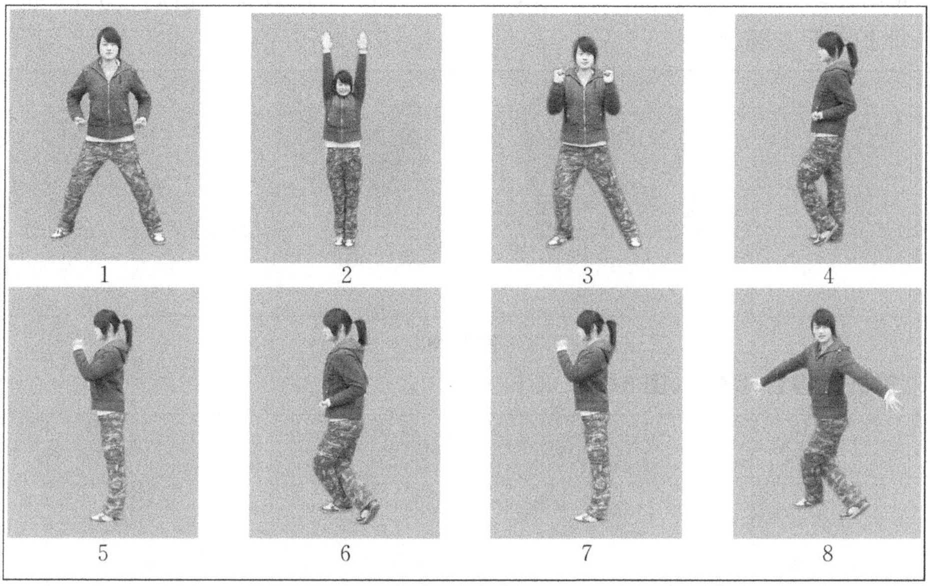

图 5-26

下肢动作：1～4 拍右脚侧并步跳，5～8 拍右转 90 度侧交叉步。

上肢动作：1～4 拍双臂上举后置于腰间，5～7 拍双臂屈臂自然摆动，8 拍双臂侧下举，上体向左扭转 90 度，朝正前方。

2. 第三个组合 2×8（图 5-27）

下肢动作：1～4 拍右脚侧并步，5～8 拍左转 90 度，左脚开始侧并步跳 2 次。

上肢动作：1～4 拍双臂上举后置于腰间，5～6 拍右臂前下举，7～8 拍左臂前下举。

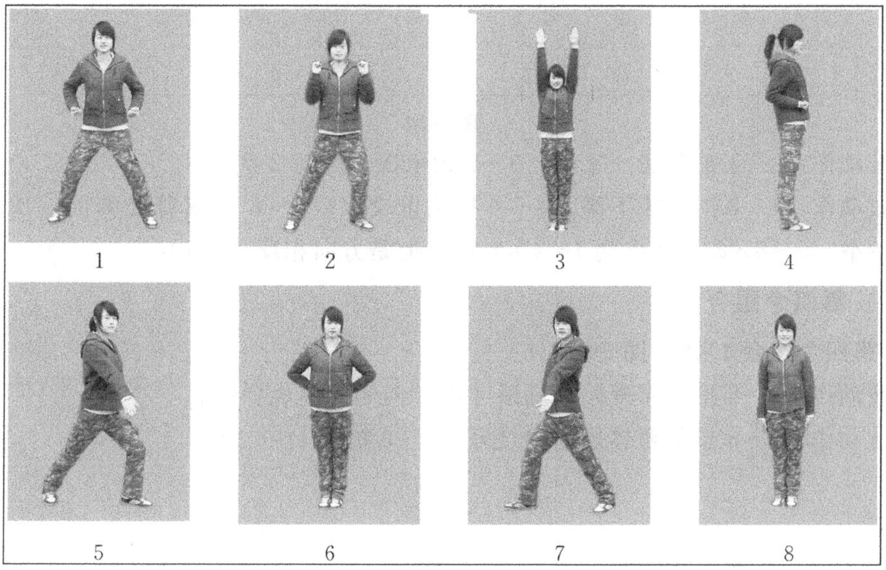

图 5-27

3. 第三个组合 3×8（图 5-28）

下肢动作：1～4 拍左脚向前一字步，5～8 拍依次分并腿。

上肢动作：1 拍双臂侧弯举，2 拍双臂下举，3～4 拍双臂胸前屈，5～6 拍双臂上举，7～8 拍双手放膝上。

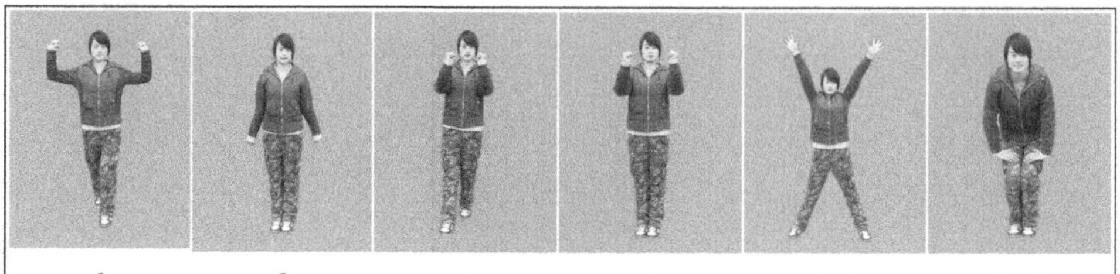

1　2　3　4　5—6　7—8

图 5-28

4. 第三个组合 4×8（图 5-29）

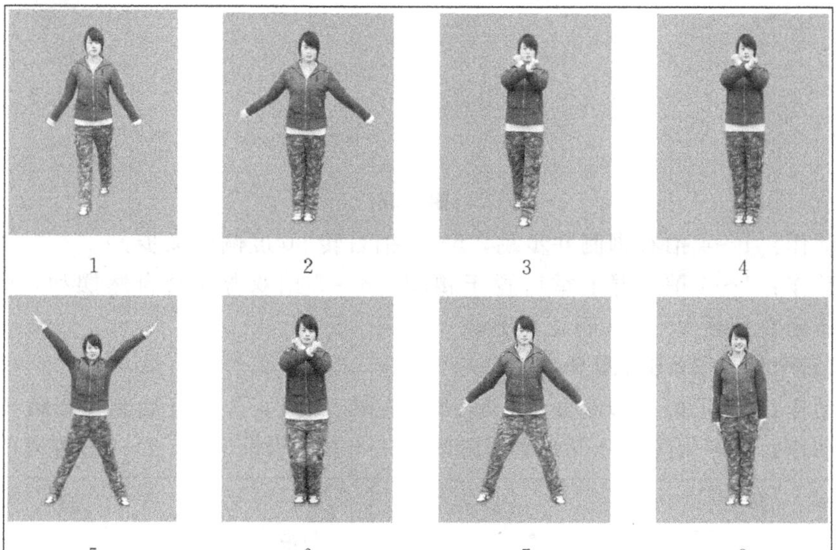

1　2　3　4　5　6　7　8

图 5-29

下肢动作：1～4 拍向后一字步，5～8 拍依次分并腿 2 次。

上肢动作：1～2 拍手侧下举，3～4 拍胸前交叉，5～8 拍双臂经胸前一次侧上举，一次侧下举。5～8×8 拍动作同 1～4×8 拍，但是方向相反。

（五）第四个组合

1. 第四个组合 1×8（图 5-30）

下肢动作：1～8 拍右脚开始小马跳 4 次，向侧向前成梯形。

上肢动作：1～8 拍单臂体侧向内绕环，5～8 拍同 1～4 拍。

图 5-30

2. 第四个组合 2×8（图 5-31）

下肢动作：1～4 拍向右后方弧形跑 4 步，右转 270 度，5～8 拍开合跳一次。

上肢动作：1～4 拍屈臂自然摆动，5～6 拍双手放腿上，7 拍击掌，8 拍放于体侧。

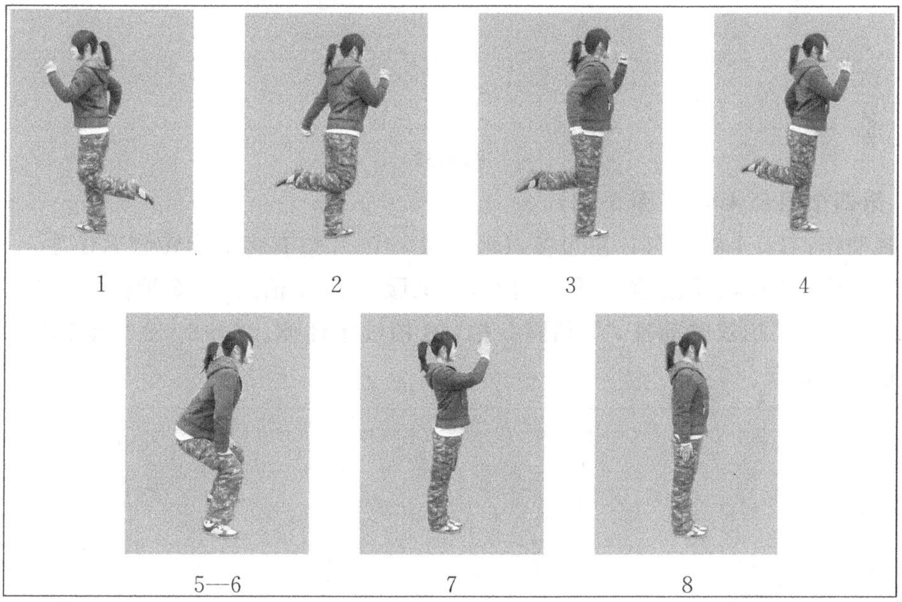

图 5-31

3. 第四个组合 3×8（图 5-32）

下肢动作：1～4 拍右脚向右前上步后屈腿，5～8 拍右转 90 度，左脚向左前上步后屈腿。

上肢动作：1 拍双臂胸前交叉，2 拍右臂侧举左臂上举，3 拍同 1 拍，4 拍双手叉腰，5～8 拍同 1～4 拍但方向相反。

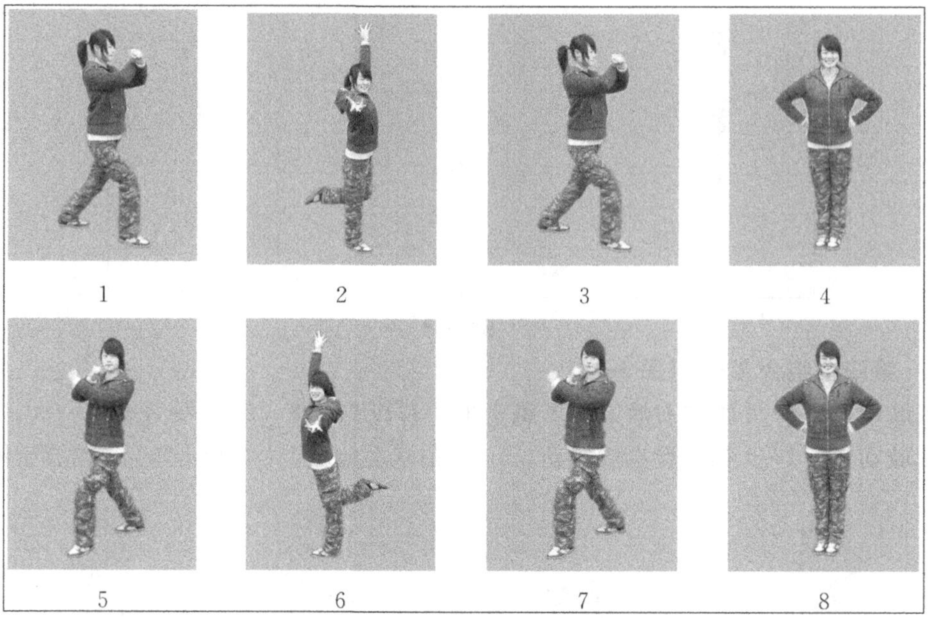

图 5-32

4. 第四个组合 4×8（图 5-33）

下肢动作：1～4 拍向右、左边各点地一次，5～8 拍右脚上步转髋后还原。

上肢动作：1 拍右手左前下举，2 拍双手叉腰，3～4 拍同 1～2 拍但方向相反，5 拍双臂胸前平举，6 拍双臂前推，7 拍同 5 拍，8 拍放于体侧。5～8×8 拍动作同 1～4×8 拍，但是方向相反。

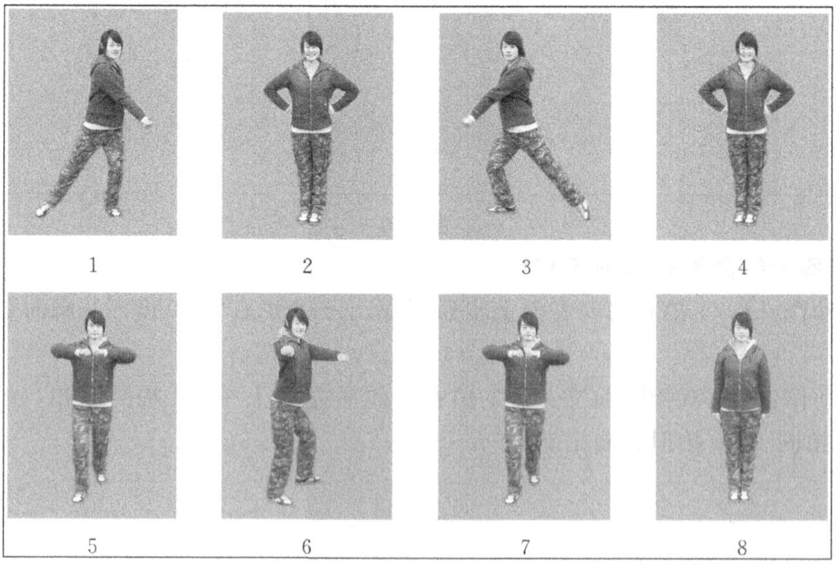

图 5-33

（六）有氧部分结束动作（图 5-34）

图 5-34

>>>知识视窗

预防健美操的运动伤害

健美操运动特点之一是动作敏锐、刚劲有力，无论竞技健美操还是大众健美操，均在节奏感强的音乐伴奏下，采用大量下肢跑跳和肩、腰及上肢等关节活动幅度较大的运动。因此，运动者训练水平不够，训练安排不当及运动者生理、心理状况不良等状况下极易发生损伤。

1. 踝关节扭伤

原因：运动前准备活动不充分，踝关节韧带伸展性和弹性较差，脚着地技术不正确，跳起落地时身体失去平衡及场地不平等。症状：踝关节局部疼痛，迅速肿胀并逐渐延及踝关节前部，局部皮下瘀血，跛行。

预防：（1）运动前一定要做好准备活动，尤其踝关节周围韧带，提高关节灵活性。

（2）加强踝部周围韧带肌肉锻炼，多进行提踵跳及负重提踵练习，提高关节力量和弹性。

（3）跑跳练习中，掌握脚掌着地正确技术。

（4）肌体处于疲劳不良状态时，避免高难度动作练习，减少运动负荷。

治疗：扭伤后立即停止运动，并用拇指压迫止血，检查韧带是否完全断裂。12 小时内可用冰袋冷敷，加压包扎，防止毛细血管扩张继续出血，抬高患肢。24 小时后，据伤情可选用外敷、理疗、针灸、按摩、药物痛点注射及固定等。及早进行踝关节功能练习，如踝关节抗阻力活动、沙地上慢跑等，以加速关节功能恢复，如韧带完全断裂应立即做局部固定并送医院作进一步治疗。

2. 疲劳性骨膜炎

原因：大量跑跳运动使身体重力与地面反作用力主要集中在骨弯曲部的凸面（胫骨前面），引起骨膜应力性损伤。

症状：（1）疼痛，训练后局部疼痛，重者行走或不运动时均痛，疼痛多为隐痛，牵扯痛。

（2）肿胀，局部软组织有轻度凹陷性水肿。

（3）压痛，胫骨内侧面、内后面缘或腓骨下端有压痛，严重者在胫骨内侧面上常可触及小结节或肿块，压之锐痛。

（4）后蹬或支撑痛，做后蹬或支撑时疼痛明显。

预防：（1）做好充分准备活动。

（2）正确掌握跑跳技术，注意动作中放松和落地缓冲，以减小地面对小腿冲击力。

（3）合理安排运动量和改进训练方法。

（4）避免长时间在过硬场地上进行跑跳练习。

（5）防止受寒，运动后采用自我按摩等手段及时消除小腿肌肉疲劳。

治疗：早期症状较轻者无须特殊治疗，可用弹力绷带将小腿裹扎，并调整训练计划，减少下肢运动量或少做下肢活动，休息时抬高患肢。症状较重者应注意休息，除用弹性绷带裹扎小腿，抬高患肢外，还可采用中药熏洗或外敷、理疗、碘离子导入或微波治疗、按摩等。按摩手法以揉捏、抖动小腿诸肌为主，同时取阴陵泉、阳陵泉、足三里、承山、委中等穴位按摩。

3. 髌骨劳损

原因：多由跑跳过多、膝关节长期负担过度呈反复微细损伤积累而成，也可由局部遭受一次撞击和牵扯所致。尤其膝关节处于半蹲位置时，因韧带松弛，髌骨腱膜和髌韧带所受牵拉张力及髌骨、股骨相应关节间所承受挤压力都较大，如半蹲位时起跳“发力”或屈伸扭转，作用力超过了组织的生理负荷，便会影响局部代谢，导致细胞变性和坏死，从而引起腱纤维出血，变性、增生等一系列病理改变。

症状：早期或轻者在大运动量训练后感到膝痛和膝软，休息后症状缓解。但随着病变进展，疼痛逐渐加重，准备活动后症状减轻，训练结束后又加重，重者走路和静坐时也痛，髌骨尖、髌骨周缘有压迫痛，膝关节伸膝至110～150度疼痛明显。

预防：（1）合理安排运动量，避免局部负荷过大，严禁“单打一”训练方法。

（2）加强下肢肌肉力量训练，尤其股四头肌力量训练。

（3）每次训练后做单足半蹲试验，以便及早发现，及时治疗。

（4）训练后要擦干汗水，注意保暖，防止风寒湿侵袭，采用热水浴、按摩等消除局部疲劳。

治疗：抬腿法、髌骨抽动法、登台阶法、高位静力半蹲法，都可收到一定治疗效果。也可采用理疗，中药外敷，针灸，药物渗透外敷或直流电导入，按摩等，若长期保守治疗无效，症状又不断加重的髌骨劳损患者，应手术治疗。

第六章　体育舞蹈、街舞、排舞

学习目标

★了解体育舞蹈、街舞、排舞的基本知识；
★掌握体育舞蹈、街舞、排舞的基本动作。

第一节　概　述

一、体育舞蹈概述

体育舞蹈起源于意、法、英、德等欧洲国家，但许多新型的体育舞蹈却源于非洲、美洲。至今，体育舞蹈有了蓬勃的发展，国际标准舞（简称“国标”）的会员国已达到30多个。随着时代的发展和变化，体育舞蹈也在发展和变革。从20世纪20年代至60年代，“老国标”经历了半个世纪的演变，发展成为“新国标”。新国标增加了拉丁舞，从1960年开始，拉丁舞已被列为世界体育舞蹈锦标赛的比赛项目。至此，国标已形成两大类10个舞种。

二、街舞概述

街舞起源于美国，基于不同的街头文化或音乐风格而产生的多个不同种类的舞蹈的总称。

三、排舞概述

排舞是在音乐伴奏下通过重复的固定舞步动作来愉悦身心的国际性体育运动。它以音乐为核心，通过风格各异的舞步组合循环，来展现世界各国民间舞蹈的多元文化魅力。排舞已经风靡世界，受到不同国家、性别及年龄人们的参与和喜爱。目前，我国许多大、中、小学校已经将排舞列入学校体育教学大纲，成为学生体育课、课间操、课余体育锻炼和学校庆典表演的重要内容；许多工矿企业已经将排舞列入工人工间操、业余锻炼和节假庆典表演的重要内容。它对培养学生的音乐素养、提高学生的身体素质、促进学生了解世界文化、培养学生的文明礼仪具有重要的意义。

第二节　体育舞蹈

一、体育舞蹈步形规范

（一）姿态与手的作用

1. 姿态

全身直立时，略含胸挺背，保持肌肉不紧不弛，两膝放松，身体略前倾，重心落在两脚的大足趾球骨上。

2. 体位

有合对位、同足侧位、分对位、骈位等。

（1）图 6-1 为合对位男子正视图：男子右臂绕女子右手位于女子腰部以上，左肩胛以下，举左臂并弯左肘，双肘同一线比腰部稍高。

（2）图 6-2 为合对位女子正视图：女子左手轻放在男子右肩缝线处，左手五指合拢，右手随男握，头向男子右肩上方。

（3）图 6-3 为稍分合对位侧视图：男女身体分开，双脚之间的距离约 18 厘米，男女右脚尖各对准对方两脚中间。男子双肩要求稳定，以便领导女子。

（4）图 6-4 为同足侧位：男子右脚向女子右脚外侧伸出，上身稍向右拧，保持与女子微贴，适用于快步舞。

（5）图 6-5 为分对位：男子与女子分离，男子左手与女子右手互握或双握。

（6）图 6-6 为骈位：男女面向前方横行，女子上身稍向右拧，双方成 V 形，男子右侧与女子左侧微贴。

图 6-1

图 6-2

图 6-3

图 6-4

图 6-5

图 6-6

3. 男女握法

在舞蹈中，应特别注意男女之间正确的手臂握法，否则不仅姿势欠美观，而且严重影响平衡和领舞活动。

正确的握法是全身直立，足尖靠拢，两臂放松（不耸肩），人体重心维持在腰部中轴上。男左臂举起时，前臂与上臂的夹角略小于 90 度，肘与胸部在一条直线上；右上臂略向前，手掌略向上，大拇指与其余并拢的四指张开，准备承受女方右手。男方应特别注意右手的应用，五指并拢，轻扶女方的左肩胛下方，只在转身或后退时，用右手暗示方向和轻重疾徐，有点像行船掌舵。

通常女子的左手都是放到男子的肩缝处（当然也有其他一些姿态，如拉丁舞之类就例外）。如男方退步时后方有人，女方便在男右肩上轻压一下，提示不能后退了，女方右手五指并拢，轻放在男方左手叉上。女方的右脚对准男方两脚中间，右腿直立，全身略偏向男方右侧，便于两眼从男方右肩后看清男方身后人们的活动情况。

4. 手的作用

在舞程进行中，转身、前进、后退都是由男子暗示女子来配合的。图 6-7 是男子的一只右手示意图：中间一条虚线把图分成两部分，左边为指部，右边为掌部。当男子想后退，放在女方腰背的右手就用力压着女子的身体，同时自己向后退；当男子想前进时，则将放在女子腰背的右手放松，同时用身体推前；当男子想左转时，可用指部轻轻压着女子的腰，同时左转；当男子想右转时，则用掌部轻轻压着女子的腰部同时右转。左并步，手指向左方微推；右并步，手指向右方微移。

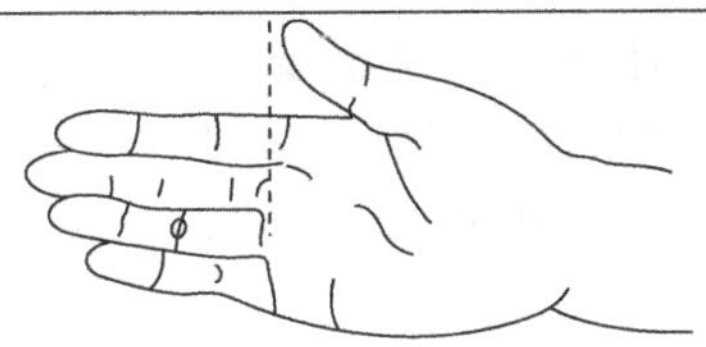

① 后退：用指部压着身体后移

② 前进：指、掌放松将身体推前

③ 左转：用指部微压着女子腰部

④ 右转：用指、掌微压女子腰部同时反转

⑤ 左并：向左方微推

⑥ 右并：向右方微推

⑦ 外侧步：指部稍用力压着女子腰部，同时做反转动作

⑧ 骈步位置：指、掌推出女子腰部，男、女身体并列

图 6-7

（二）开步和步态

1. 开步

在舞程中任何一步的开始，除了某些特殊舞步之外，一定要做到脚到人到，身体的重心始终维持在两条腿上。

所谓脚到人到的意思，就是指当跳舞者在舞程中开步时，不论是左脚或右脚开动，一旦移动两脚中的任何一脚，身体就应该立刻随之移动，不应该有脚已经伸出，而身体尚未移动的情形出现。

2. 步态

一般体育舞蹈的初学者，首先要掌握的是舞步中的动力。男子以前进步较多，女子以后退步为主。

向前跨步时，如重心在右脚上，则左脚向前伸出，按先足跟、次足掌、最后足尖的顺序，依次落地，重心沿水平位轮换。向前跨出右脚，脚落地方法同前。左右脚轮换重心时，要求过渡的一刹那不停滞，整个步态如行云流水，舒畅自如。

后退步时，重心落在一只脚上，另一只脚往后伸出，先足尖着地，次足掌，最后足跟着地。换重心时，再同样向后退，步态流畅自如。

3. 练习方法

(1) 单独练习平衡。重心移至左脚趾骨上，以大腿骨上端为轴，前后方向自然摆动时，全身保持平衡，16 次慢拍之后，重心移至右脚，重复做，目的在于控制整个人体的平衡与协调。

(2) 用音乐的一个重拍和一个弱拍练习前进步或后退步。

(3) 步法稳定后合练。基本步法要走稳、走熟，重心轮换要平稳，脚落地要轻、柔。

二、体育舞蹈基本动作简介

(一) 现代舞基本动作

1. 华尔兹

舞曲是 3/4 拍，每分钟约 32 小节，其基本步法是一拍跳一步，每小节三拍跳三步，但也有一小节跳两步或四步的特定步法。其中基本步法包括闭式换步（左进右退的基本步，也有左退右进的基本步）和旋转舞步（1/4 转、左转、右转、右疾转、开式推转、双左疾转等）。

2. 探戈舞

探戈舞是西班牙文化与黑人文化的结合体，它具有潇洒奔放、动静交织的特点。相传阿根廷的男士与女伴跳舞时皆腰佩短剑，以防情敌，故跳探戈舞时面部表情严肃，不露笑容，头部左顾右盼，快速转动，这更突出了它的特点。

探戈舞曲为 2/4 拍，节奏强烈，旋律活泼，情绪热烈，一般常规舞步每小节为四步，每分钟 30～40 小节，基本节奏带有停顿、附点，并强调切分音节，所以舞步一定要做到动静有致，干脆利落。探戈舞的行程主要是斜线进退，棋步运行，较少直线进退，极少旋转，这是与其他舞种的显著区别。

探戈舞的基本步法主要有：走步、行进连接步、P. P. 闭式、开式左转、后退侧步、摇步转、并进接外侧步等。

3. 狐步舞

舞曲为 4/4 拍，每分钟 30 小节左右，其基本舞步节奏为慢、慢、快（S、S、Q）。狐步舞的基本步法包括羽步、左转、三直步、右推转、换向导步、开足疾转（成 P. P.）、纺织步、电纹步接外测旋步、左波浪步、右纺织步等。

4. 快步舞

舞曲为 4/4 拍，每分钟约 50 小节，基本节奏是慢、慢、快、快（S、S、Q、Q），每个S占两拍，Q占一拍。快步舞的基本步法包括四分之一转、行地并合步与前进锁步、右转犹豫步、右疾转等。

5. 维也纳华尔兹

舞曲为3/4拍，每分钟50～60小节。基本动作包括左转准备动作、右转基本动作、旁步、左转、右转、换脚步等。

（二）拉丁舞的基本动作

1. 伦巴

音乐节奏是4/4拍；速度为每分钟27～31小节。基本动作包括基本步、扇形步、曲棍步、右陀螺转、右分展步、闭式扭胯步、阿莱曼娜等。

2. 恰恰恰

舞曲为4/4拍；每分钟为32小节。基本动作包括基本步、手对手、纽约步、点转、扇形步、曲棍步、右陀螺转、闭式扭胯步、阿莱曼娜、螺旋步等。

3. 桑巴

舞曲为2/4拍；每分钟48～56小节。基本动作包括左基本步、右基本步、叉形步、P. P. 舞姿的桑巴走步、左转、桑巴旁步等。

4. 牛仔舞

音乐节奏为4/4拍；每分钟44小节左右。基本动作包括倒步摇摆、右向左换位、左向右换位、连步摇摆、停和走、美式疾转、连步绕转，倒步抛掷等。

5. 斗牛舞

音乐为2/4拍，每分钟60～62小节，一般每拍跳一步。基本动作包括基本走步、原地踏步、右追步、左追步、变位八步、踩步、推离步、变位十六步、游动十六步等。

第三节 街 舞

一、街舞的基本动作与技术

（一）基本动作

1. 点地

点地即用脚尖或脚跟做前、后、侧点地。点地时，注意支撑腿的配合要有弹性。

2. 滑步

滑步，如左脚向体侧迈一步，右脚并于左脚时，从地面滑拖至左脚。滑步应配合上肢动作。反之相同。

3. 压膝

压膝即弹动。以膝关节的屈伸完成压膝动作。压膝时，注意踝、髋关节要放松，富有弹性，膝关节的屈伸幅度不宜过大。

4. 扣膝

扣膝即膝关节向内旋转屈膝下压。扣膝时，注意同侧腿要提踵，上体应配合同侧膝转动。

5. 串步

串步即两脚以脚跟或脚尖为支撑点，同方向或异方向由脚跟或脚尖发力移动。串步时，注意膝关节的配合。

6. 吸腿

吸腿即一条腿屈膝上摆，另一条腿支撑稍屈膝。注意松腰，上体稍前倾。

7. 顶髋

顶髋即原地或迈步时，髋关节向左侧或向右侧顶摆。

8. 踹腿

踹腿即脚抬离地面时以脚跟发力，屈膝上摆。

9. 前后交叉步（以左脚为例）

左脚向侧一步，右脚向左前方迈步成前交叉，左脚再向侧迈，右脚向左后方迈步成后交叉。注意配合髋关节转动。

10. 十字步

第一拍左脚向右前方迈步；第二拍右脚绕过左脚向前方迈步；第三拍左脚向左侧迈一步；第四拍右脚向后迈一步，4 拍绕成一个“十”字。注意迈步时关节要有弹性。

（二）基本技术

1. 缓冲技术

街舞的缓冲技术，主要表现在膝关节的弹动、踝关节的缓冲以及髋关节的屈伸三方面。该技术不仅可以让学习者把握住街舞的动作特色，而且与动作的安全性息息相关。在街舞的练习当中，膝关节几乎很少伸得很直，多数是在微屈或弹动的状态下完成动作的。如在最基本的点地和提膝的动作中，踝关节的缓冲与髋的屈伸动作往往与之协调配合进行，使动作律动感很强且松弛自然，对关节也起到了保护作用。

2. 控制技术

街舞的控制技术，主要表现在肌肉的用力方式和用力顺序两方面。街舞的多数动作有很强的动感和力度美，为了表现这一特色，就需要频繁地使用肌肉的爆发力，有时某些动作会出现在音乐的弱拍上，这就要求动作速度很快，因此，肌肉的松弛与紧张收缩必须协调控制，才可以达到应有的动作效果。

3. 重心的移动和转换技术

街舞在重心的移动技术方面，主要表现在动作方向的变化上，通过前、后、左、右的移动，使身体运动的路线发生丰富的变化。街舞的重心转换技术，主要靠左右脚支撑的变化来实现，可以说，除了上肢和躯干的动作之外，这一技术动作占据了很大的比例，它使街舞动作具有律动感和技巧性，从而展现了街舞的基本特色。

二、街舞的套路组合

（一）第一个八拍

1～3 拍：左脚向前迈步，同时右臂体侧屈上摆，手脚配合依次交替进行，身体放松。

4 拍：右脚上步成左右开立，手臂自然放松于体侧。

5 拍：两脚不动，膝关节压膝稍屈，两臂屈肘经体侧同时肩上摆。

6 拍：左右脚同时向内并拢，两臂同时下压。

7 拍：左手前举，右手放松。

8 拍：两臂头上屈，手抚于头后，头快速右转。

（二）第二个八拍

1 拍：左脚向侧迈一步，同时上体左转，右腿扣膝、松腰，压右肩同时手臂用力斜下甩。

2 拍：右脚并于左脚，顶肩还原，手臂放松。

3～4 拍：同 1～2 拍，反方向迈右脚。

5 拍：左脚向侧迈一步，右腿压膝提踵，上体左转，两臂自然摆动。

6 拍：同 5 拍，两脚不动，反方向转体压膝。

7 拍：左脚提膝上摆，右脚提踵，左脚落下同时向右转体 90 度。两臂屈臂前摆。

8 拍：右脚向右迈，脚尖侧点地。右臂侧下摆，左臂收于体侧。

（三）第三个八拍

1 拍：右脚向前踢，膝关节放松，同时两臂体前举，五指张开，手心向上。

2 拍：左脚向左踢还原，同时右脚提踵转体 90 度，右手扶于头后，左手侧举，五指张开。

3 拍：两脚提踵，膝关节同时外展屈膝还原，右臂体前屈握拳，左手扶右臂。

4 拍：屈膝，弯腰，上体稍前倾，右臂向下冲拳至膝下，左手不动。

5 拍：身体直立，右手经体前头上绕环一周。

6 拍：两手握拳体前交叉，扩胸。

7～8 拍：原地左右顶髋两次，同时两臂放松，左右顶肩两次。

（四）第四个八拍

1～3 拍：身体左转 90 度，先迈右步向前走三步，注意腿部弹性。手臂自然摆，身体放松。

4 拍：左脚左侧上摆，两手侧上举，五指张开。

5 拍：上体右转 180 度，左脚迈于右前方，前后交叉，两手收于腰间。

6 拍：右脚并于左脚，上体继续右转 180 度。

7 拍：两手体前交叉互握伸直，屈伸一次还原。

8 拍：左腿屈膝吸腿，稍弯腰。两臂下摆，握拳。

（五）第五个八拍

1拍：左腿吸腿不动，两手握拳体前屈臂前后绕环，肩放松。

2拍：左脚落下，两脚左右开立，屈膝稍下蹲，同时右手前伸，掌心向上，左手扶于右肘下。

3拍：两脚并拢，右臂侧平举，掌心向前，左手扶于头后。

4拍：两脚不动，左右手动作相反。

5拍：左手不动，右手侧上举。

6拍：两手依次收到体前交叉。

7～8拍：原地左右顶肩各一次。顶肩时，注意腰部发力。

（六）第六个八拍

1拍：左脚向后迈，向左转体90度，右臂左侧用力甩至胸前。

2拍：左脚收回，右臂摆至肩上屈，握拳。

3拍：左脚向前迈一步，屈膝，右臂经上向后绕环。

4拍：左脚收回，当右臂绕至头上时两手互握，收腹、扩胸。

5～6拍：右脚提踵屈膝外展，左脚前脚掌蹬地，身体右转90度，手臂放下。

7～8拍：两脚提踵，两膝外展开合两次（注意夹腿时大腿内侧用力）。两手半握拳，上举两次。

（七）第七个八拍

1拍：右脚向左前迈一大步交叉屈膝，两臂屈臂前摆。

2拍：身体重心前移，右脚支撑，左脚上步提膝，同时两臂斜上举。

3拍：左脚向前落下，抬右脚，两臂胸前交叉，低头，含胸。

4拍：右脚落下，左脚向后迈，两臂向侧打开，后振，扩胸。

5拍：左脚向右前迈步，两臂屈肘下压。

6拍：右脚向右侧踢出，两臂侧摆扩胸。

7～8拍：右脚向左侧摆并于左脚，同时转体180度，右臂收于胸前，左臂下摆。

（八）第八个八拍

1拍：右脚向后迈一步，右臂屈臂上振一次还原。

2拍：左脚向后迈一步，同时右脚并于左脚，左臂屈臂上振一次还原。

3～4拍：左右顶髋各两次，右臂屈肘立掌，掌心向内，头右转目视掌心，左手立掌侧推。

5拍：左脚向侧迈一步，右手搭左肩，头左转，左手放下。

6拍：脚不动，右手从胸前滑到右肩，头还原。

7～8拍：两手胸前交叉掌心向内，展胸同时手臂交错运动。

（九）第九个八拍

1拍：两脚合、开一次，两脚并立时大腿内侧肌肉收缩，脚贴地面。

2 拍：左右脚打开，两臂体侧屈握拳。

3 拍：左右并脚，提踵，屈膝外展，手放腿两侧。

4 拍：夹腿还原。

5～6 拍：踢踏步。左脚前踢，两臂侧摆，左脚还原，右脚原地踏步一次。

7～8 拍：左脚侧迈步，顶左髋，同时右脚并于左脚，左臂体侧前摆。

（十）第十个八拍

1 拍：右脚侧迈步，顶右髋，同时左脚并于右脚，左臂自然摆动，摆右肩。

2 拍：右脚侧迈步，顶右髋，同时左脚并于右脚，两臂自然摆动，摆右肩。

3 拍：左脚侧迈步，左臂经上打开摆至体侧，掌心向前，右臂胸前屈。

4 拍：压膝一次，左手扶于头后。

5～6 拍：左手绕至胸前。

7 拍：上体右转 90 度，屈膝，左手前举，五指张开，同时转头看左手。

8 拍：左脚并于右脚，上体左转 90 度，左手与右手五指张开互握于体前。

第四节　排　舞

一、排舞的分类

1. 按照舞步组合结构分类

按照舞步组合的结构可分为 4 大类。

（1）完整型排舞。不断重复固定的舞步组合。这种类型的排舞，无论是舞步动作，还是方向变化都较为简单，因此多数属于初级水平的排舞。

（2）组合型排舞。由两个或更多的舞步组合构成，而且每一舞步组合的节拍数不一定相同。这种类型的排舞，并不按照一定的规律进行循环，有些组合重复，有些组合并不一定进行重复。

（3）间奏型排舞。在固定的舞步组合外，还有一个或多个不一定相同的间奏舞步。间奏舞步一般不超过一个 8 拍。通常，这一类型的排舞在学习时较难记忆，因此，属于中等难度级别的排舞。

（4）表演型排舞。这种类型的排舞，舞步较为复杂，并且没有固定的舞步组合，属于最高难度级别的排舞。

2. 按照舞步组合变化的方向分类

按照舞步组合变化的方向可分为 4 大类。

（1）一个方向的排舞。面向 12 点一个方向跳完所有的舞步组合。

（2）两个方向的排舞。舞步组合结束后在相反的方向又开始重复这一舞步组合。即面向 12 点钟的舞步组合结束后，面向 6 点钟又开始重复这一舞步组合。

(3) 三个方向的排舞。出现在间奏型排舞中。每完成一次舞步组合，都会按顺时针（或逆时针）方向进行变化，在第三次舞步组合完成后，由于音乐节奏的关系又会回到舞蹈的初始方向。

(4) 四个方向的排舞。每完成一次舞步组合，都在一个新的方向开始动作。一般按顺时针 12 点、3 点、6 点、9 点进行方向的变化，也可以按逆时针 12 点、9 点、6 点、3 点进行方向的变化。

二、排舞的特点

1. 文化传承与文化创新的循环性

创新是排舞传承的根本动力，是保证排舞不断发展的重要法宝。从最初的方块舞、圆圈舞、宫廷舞到现在的东方舞、爵士舞、街舞，再到现在流行的排舞，充分体现了排舞对舞蹈文化、民族文化、音乐文化、体育文化的传承和创新。在多元文化的交融和撞击中形成了今天这样丰富多样的排舞风格，而每一种风格也展现了一个民族的文化风采。桑巴风格的排舞展现了巴西文化，踢踏风格的排舞展现了爱尔兰文化，爵士风格的排舞展现了美国文化，探戈风格的排舞展现了阿根廷文化，街舞风格的排舞展现了流行文化，藏族风格的排舞展现了中国藏族文化等。排舞正是在对舞蹈文化、民族文化、音乐文化、体育文化传承的基础上不断创新、不断推进，并且特别注重健身与娱乐的交汇，形成了独具特色的运动项目。传承中有创新，创新中不断传承，两者独立而统一，推动了排舞运动协调发展。

2. 舞蹈元素与音乐风格的融合性

从排舞的产生与发展可知，排舞最初来源于方块舞、圆圈舞、欧洲宫廷舞和当时流行的迪斯科舞蹈以及美国西部乡村的民族、民间舞蹈。随着时代的发展，排舞融入了越来越多时尚的舞蹈和音乐元素，在多种舞蹈和音乐元素组合、变化和不断创新之下形成了今天如此丰富多样的排舞曲目。在构成排舞的诸多要素中，舞步和音乐是最为重要的。可以说音乐是排舞的灵魂，舞步是音乐的外在表现形式。音乐节奏、旋律、和声与舞步、造型和组合的浑然一体，使音乐通过排舞的诠释变成了“看”得见的艺术，而排舞通过音乐的表达也变成了“听”得见的艺术。

3. 舞步规范与自由形式的共存性

排舞是根据不同的音乐元素来表现不同舞种风格的一项健身运动，虽然排舞每首曲目的舞步全世界完全统一，并有固定的名称和节拍数，但对身体及手臂的动作并无统一的要求。练习者可以根据个人喜好及对音乐的理解，诠释属于自己的舞蹈。无论是完整型、组合型、间奏型还是表演型的排舞曲目，其舞步组合的不断循环，身体动作随韵律的不断变化，练习者可以在排舞的规范和自由中，尽情发挥自己的想象，充分展示自己的个性特征和诠释排舞文化内涵。

4. 网络传播途径的充分运用

排舞得以全面迅速的发展，得益于网络传播平台的运用。全世界的排舞专家和爱好者充分利用网络传播平台，把创编好的曲目通过互联网上传到国际排舞协会的网站进行审批，国际排舞协会通过互联网发布审批通过的曲目，全世界的排舞爱好者通过互联网学习排舞曲目。依靠网络平台，不断推出新的排舞视频、文字和图片作品，有利于宣传、推广和普及排舞，对排舞的全面发展起着十分积极的推动作用。因此，我们必须以积极的态度、创新的精神，利用网络平台大力发展和传播健康向上的排舞文化，切实把排舞网站建设好、利用好、管理好。

三、排舞基本术语

排舞术语是排舞理论和技术等方面的专门用语。它以简明扼要的词汇，准确而又形象地反映出排舞的舞步形式和技术特征。

(一) 动作方向术语

动作方向术语是指人体或人体某一部分运动的指向或位置。为了正确地辨别身体方向和检查动作旋转的角度，方便理解和记忆套路动作，国际排舞协会规定以时钟的方向作为运动方向。因此，动作方向的参照体前者是时钟，后者是人体（图 6-8）。

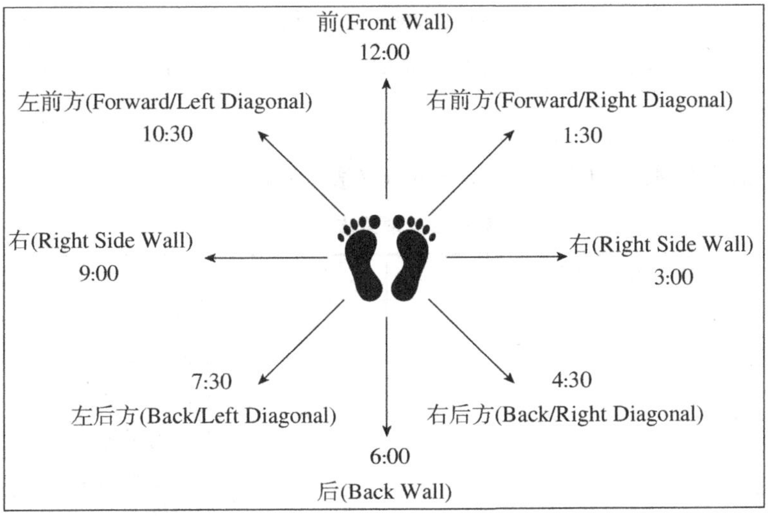

图 6-8

(二) 基本名词术语（表 10-1）

表 10-1 基本名词术语

每分钟拍数 BPM	拍子 Count	方向/遍 Wall	舞蹈水平 Level
初级 Beginner	中级 Intermediate	高级 Advance	前奏/介绍 Count In/Into
开始 Start	舞蹈顺序 Sequence	小节/章节 Section	段落/部分 Part
结束 End	间奏 Tag/Bridge	从头开始 Restart	重复 Repeat
步伐 Step	脚 Foot（Ft）	右脚 Right（Rf）	左脚 Left（Lf）

续表

脚尖 Toe	脚跟 Heel	归为 Home	原地 In Place
前面 Front	后面 Back	侧面 Side	斜角 Diagonal
头 Head	手 Hand	面向 Face	膝盖 Knee
切分音 Syncopated	顺时针 Clockwise (CW)	逆时针 Counter-Clockwise (CW)	

(三) 动作术语 (Standing Step) (表 10-2)

表 10-2 动作术语

刷地 Brush/Scuff	退 Back	击掌 Clap	交叉 Cross	拖步 Drag
扇步 Fan	进 Forward	轻弹 Flick	跟弹 Heel Bounce	跟点 Heel Dig
跟磨 Heel Grind	跟开 Heel Split	跟拍 Heel Tap	顶髋 Hip Bump	抬/吸起 Hitch
停顿 Hold/Freeze	勾提 Hook	单足跳 Hop	跳 Jump	踢 Kick
提起 Lift	锁步 Lock	弓步 Lunge	点 Point	抖肩 Shimmy
滑冰步 Skate	滑步 Slide	踏步 Stomp	摇摆 Sway	扫步 Sweep
旋步 Swivel	踢踏步 Tap	触点 Touch	并步 Together	转 Turn
扭转 Twist				

(四) 常见步伐术语 (Traveling Step) (表 10-3)

表 10-3 常见步伐术语

编号	舞步名称	节拍	基本类型
1	抛锚/支撑步 Anchor step	1&2	右抛锚/支撑步；左抛锚/支撑步
2	平衡步 Balance step (waltz)	123	右前进平衡步
			左前进平衡步
			右后退平衡步
			左后退平衡步
3	恰恰步 Cha cha cha Shuffle Chase	1&2	进恰恰
			退恰恰
			左恰恰
			右恰恰
4	海岸步 Coaster step	1&2	右海岸步
			左海岸步
			反向海岸步
			海岸交叉步
5	藤步 Crapevine/Vine	1—4	右藤步
			左藤步
			藤转

续表

编号	舞步名称	节拍	基本类型
6	爵士盒步 Jazz box	1—4	右爵士盒步
			左爵士盒步
7	跳 Jump	1	双脚跳
			爵士跳
		12	开合跳
8	锁步 Lock	1&2	前锁步
			后锁步
9	曼波步 Mambo step	1&2	前漫步
			后漫步
			左漫步
			右漫步
			漫步交叉步
10	摇摆 Rock	12	前摇摆
			后摇摆
			左摇摆
			右摇摆
11	摇椅步 Rocking chair	1—4	右摇椅步
			左摇椅步
12	伦巴盒步 Rumba box	1—8	右伦巴盒步
			左伦巴盒步
13	水手步 Sailor step	1—4	右水手步
			左水手步
			水手交叉步
14	骆驼步 Camel step	1—4	骆驼步
15	剪刀步 Scissors step	1&2	右剪刀步
			左剪刀步
16	趾踵步 Strut	1&2	尖趾步
			跟趾步
17	糖果步 Sugar step	123	右糖果步
			左糖果步
18	旋步 Swivel	12	右旋步
			左旋步
			跟旋步

续表

编号	舞步名称	节拍	基本类型
19	开关步 Switch	1&2	脚尖开关步
			脚跟开关步
20	闪亮步 Twinkle（Waltz）	123	右闪亮步
			左闪亮步
21	跟掌交叉步 Heel ball cross	1&2	右跟掌交叉步
			左跟掌交叉步
22	纺织步 Weave	123	右纺织步
			左纺织步
23	踢换脚 Kick ball change	1&2	踢换脚
			踢换点
			踢换旁点
			踢换交叉步
			踢旁点

（五）转体术语（Turning Step）（表 10-4）

表 10-4 转体术语

编号	舞步名称	节拍	基本类型
1	定轴转 Pivot turn	12	1/4 定轴转
			1/2 定轴转
			3/4 定轴转
2	交叉转 Cross unwind turn	12	右叉转
			左叉转
3	藤转 Rolling vine	1—4	右藤转
			左藤转
4	蒙特利转 Monterey turn	1—4	1/4 蒙特利转
			1/2 蒙特利转
5	三连步转 Triple	1&2	三步转 180～360 度
6	划桨转 Paddle turn	1—4	右爵士盒步
			左爵士盒步
7	全转 Full turn	12	左进全转
			右进全转
8	螺旋转 Spiral turn	12	左螺旋转
			右螺旋转

>>>知识视窗

舞蹈种类

摩登舞类中有华尔兹舞、探戈舞、狐步舞、快步舞和维也纳华尔兹舞五个舞种。华尔兹又称圆舞、慢华尔兹、波士顿华尔兹，起源于奥地利民间舞，舞姿雍容华贵，被人们称为“舞中之后”。其主要特点是升降、摆荡、反身。

拉丁舞类中有伦巴舞、恰恰恰舞、桑巴舞、斗牛舞和牛仔舞五个舞种。恰恰恰(cha cha cha)，起源于墨西哥，音乐为4/4拍，速度每分钟31小节左右。恰恰恰舞音乐有趣，节奏感强，舞态花俏，舞步利落紧凑，在全世界广泛流行。

舞厅舞，又称“交谊舞”“交际舞”等。最早起源于欧洲，从古老民间舞蹈的基础上发展演变而成，目前在世界多数国家都很流行，它能充分体现出青春和朝气，既是一项高雅的娱乐活动，又有很强的社交性质。

现代舞，是20世纪初在西方兴起的一种与古典芭蕾相对立的舞蹈派别。其主要美学观点是反对古典芭蕾的因循守旧，主张摆脱古典芭蕾舞过于僵化的动作程式。

第七章　定向越野运动

学习目标

★了解定向越野的基本知识；

★了解定向越野的基本技能和基本战术。

第一节　定向越野运动概述

定向越野是运动员借助标绘有若干个比赛规定检查点和方向线的地图及指北针，独立选择行进路线，一次寻找各个地面检查点，用最短时间完成全赛程的运动。

定向越野运动起源于瑞典，最初只是一项军事体育活动，后来逐渐演变为一项户外体育运动项目。野外定向是一项高度发挥个人智慧和体能的野外运动。运动员需凭个人定向技术，地图阅读能力，指南针运用及自己思考判断，在陌生野外环境中，寻找赛会预先放置的各控制点。定向运动通常设在森林、郊外和城市公园里进行，也可在大学校园里进行。

在中国最早开展定向运动的地区是香港。1979 年 3 月，香港的定向运动爱好者在各界人士的支持下成立了“香港野外定向会”（HKOC）。在中国内地，按照国际标准将定向运动正式作为一项体育活动和比赛项目开展是在 1983 年 3 月，解放军体育学院首次在广州白云山组织了第一次定向越野实验比赛。1994 年 9 月，第一届全国定向运动锦标赛在北京怀柔举行，这是该项目真正意义上的第一次全国性正式比赛。

定向越野运动按运动工具的不同可分为徒步定向和工具定向两类。徒步定向：传统定向越野、接力定向、记分定向、夜间定向、五日定向、公园定向等。工具定向：滑雪定向、山地车定向、骑马定向、划船定向等。

第二节　定向运动的主要设备

一、定向运动地图

（一）定向运动地图概述

1. 定向运动地图的定义

定向运动地图是地形图的一种，是根据国际定向联合会制定的《国际定向运动图制图规范》绘制成的地图。定向运动地图与其他地图相比，是一种更为清晰、易读，更适合在野外行进中使用的专用地图（图 7-1）。

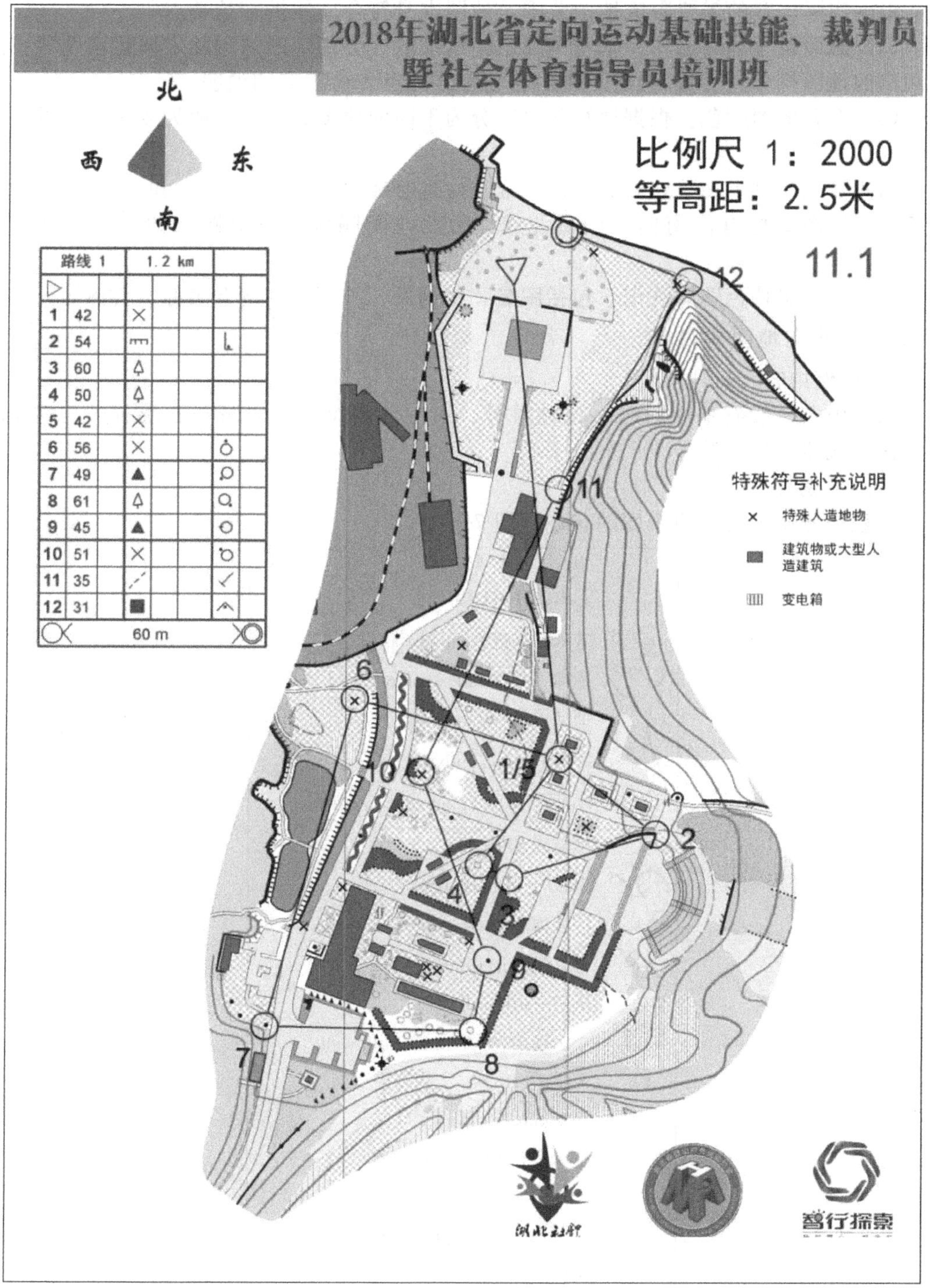

图 7-1

2. 定向运动地图的特点

（1）地图内容和具体运动本身匹配。用一条连贯的线路连接起点、各检查点、终点，根据实际比赛的需要限定地图范围，地图本身符合方便携带的特点。

（2）地图符号国际通用。采用国际定向运动联合会制定的《国际定向运动图制图规范规定的地图符号》，图的内容不含地名名称，并有各检查点的说明。

（3）多种地图颜色。根据通行状况区分为不同的地图颜色，一般为 4 种，多的可达 7 种。

（4）较大比例尺和特定磁北线。标准定向越野地图采用 1∶15000 和 1∶10000 地图比例尺，地图上标有由南向北的磁北线，磁北线间隔所代表的距离通常为 250 米或 500 米。

（5）有一定特色图廓注记。包括图名、比例尺、等高距、赛会名称、会标等。

（二）定向地图的内容

1. 图例内容

图例内容一般有地貌符号、植被符号、人工地物符号、岩石与石块符号、水系符号、比赛线路与技术符号。

（1）地貌符号

地貌符号用来表示地表面的状态（图 7-2）。

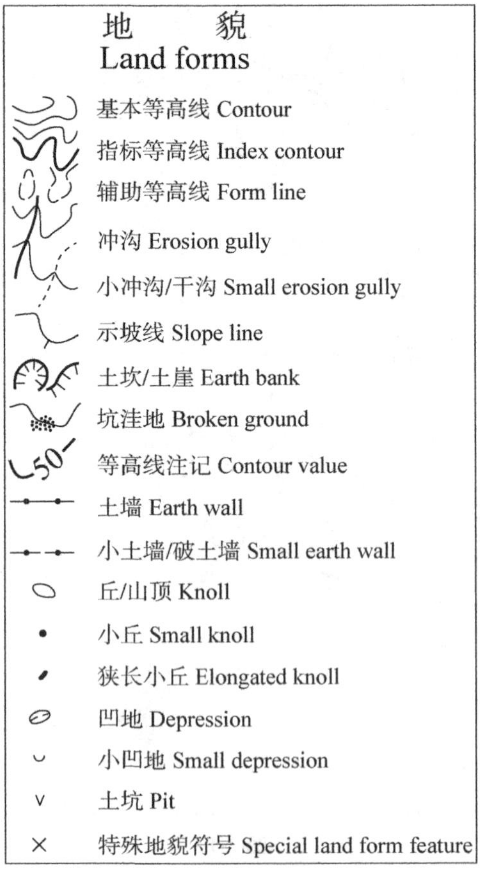

图 7-2

（2）植被符号

植被符号能反映通行区域内通行难易程度（图 7-3）。

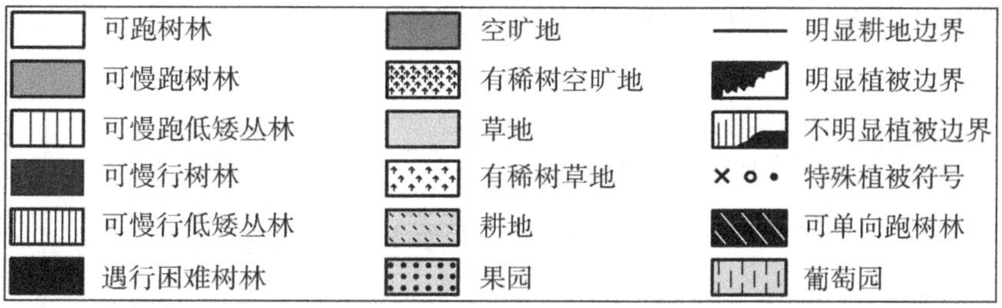

图 7-3

（3）人工地物符号

建筑物、道路都是人工地物，如图 7-4 所示，有的能够穿越，有的不能穿越，通过人工地物符号可以让穿行者了解通行状况，以便选择合适的行进路线。

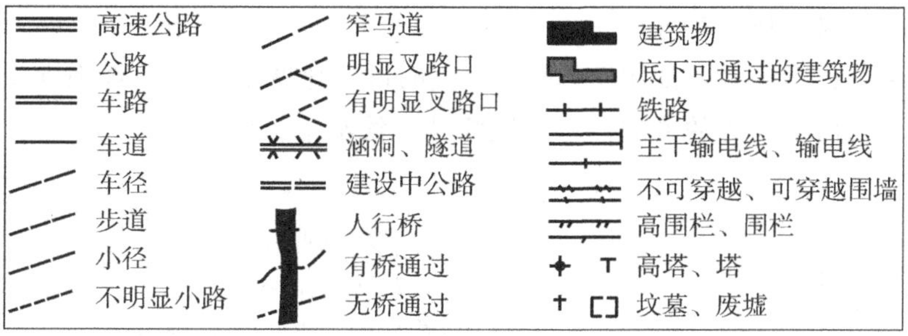

图 7-4

（4）岩石与石块符号

岩石和石块一般在实地是比较大的标志，如图 7-5 所示，有的可以越过有的不能，有的具有一定的危险性。检查点也比较爱设置在这些地方。通过岩石和石块符号的说明，使穿行者可以确定方位，决定线路。

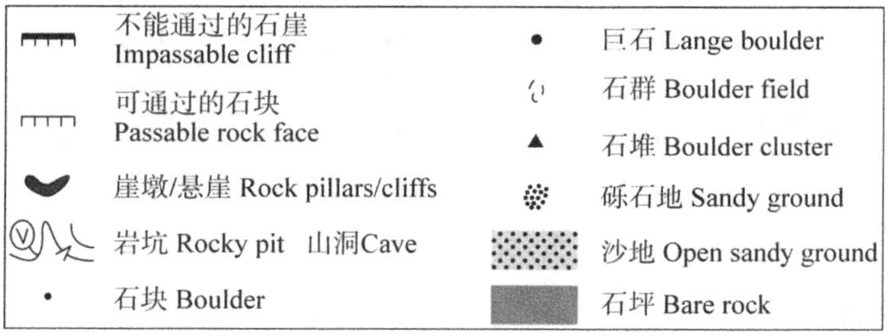

图 7-5

（5）水系符号

水系符号详细说明了通行区域内和水有关的情况，水体与湿地，如图 7-6 所示，告诉通行者哪些可以通行，哪些不能通行，帮助穿行者决定路线。

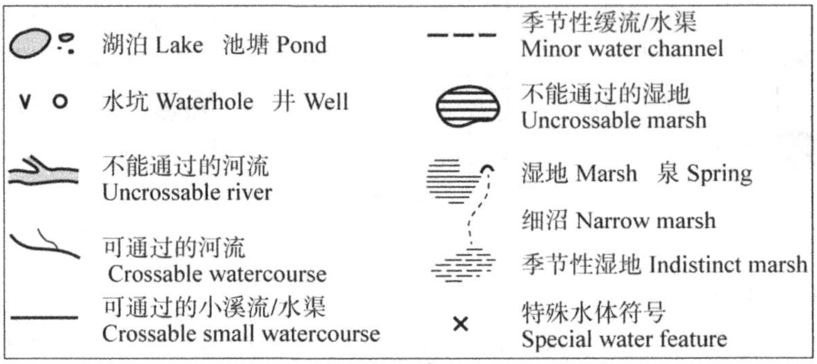

图 7-6

（6）比赛线路与技术符号

比赛线路与技术符号，如图 7-7 所示，说明该项比赛的线路、规则规定能穿越区和非穿越区，表明由南到北的方向，以及医疗站、饮水站等信息。

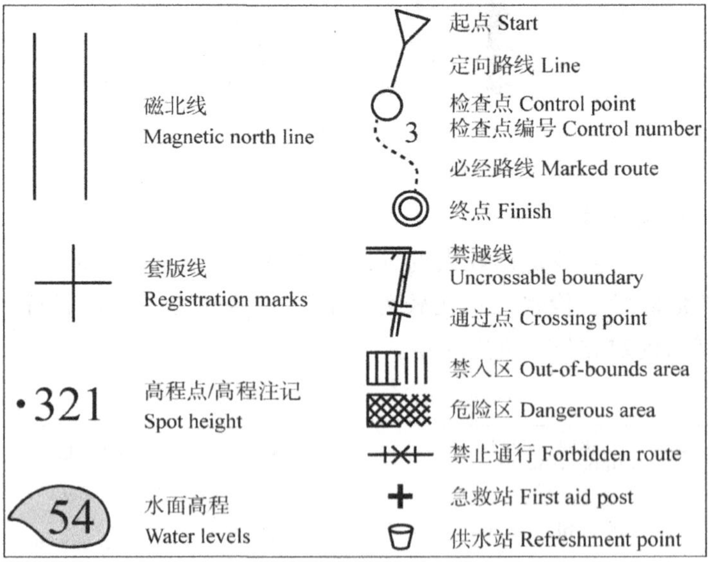

图 7-7

2. 检查点说明

检查点说明的用途是精确给出地图上点标旗位置与检查点特征物的关系。一个好的检查点在起初读地图时就能找到。检查说明可起辅助作用，应该对检查点位置只作精简的说明，如图 7-8 所示。

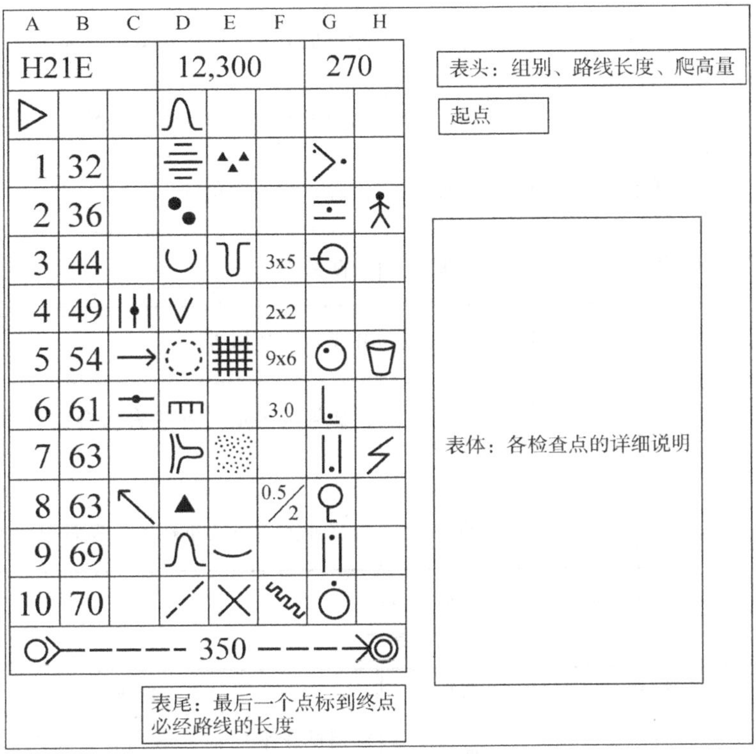

图 7-8

A 检查点序号

B 检查点点标代号

C 检查点所在地物、地貌方位（表 7-1）

表 7-1

索引	符号	名称	详细说明
0. 1	↑	北面的	两个或两个以上的相似地形特征物，中北面的那个
0. 2	↘	东南面的	两个或两个以上的相似地形特征物，东南面的那个
0. 3		上面的	在竖直方向上是上面的那个相似地形特征物
0. 4		下面的	在竖直方向上是下面的那个相似地形特征物
0. 5		中间的	实地有多个相似地形特征物，中间的那个

D 检查点所在地物、地貌名称（表 7-2）

表 7-2

索引	符号	名称	详细说明
1. 1		台地	在山地上高于附近邻域地表面的平缓地区
1. 2		山凸	比周围的地面高，有点像鼻子
1. 3		谷地	山谷，与山凸相反
1. 4		陡坡	较陡的坡地
1. 5		采石场	开采石头的地方
1. 6		土垣	用泥堆成的墙。有些表面会砌有石头，通常是人为的
1. 7		冲沟	水流冲蚀而成的小峡谷，通常是没有水的

E 检查点所在地物、地貌特征（表 7-3）

表 7-3

索引	符号	名称	详细说明
8. 1		低的	特指低或平的地形特征物，在地图上没有显示出来。如低的小山
8. 2		浅的	特指浅的地形特征物，在地图上没有显示出来。如浅的山谷
8. 3		深的	特指深的地形特征物，在地图上没有显示出来。如深的坑
8. 4		丛生的	特指被灌木丛覆盖的。但是没有在地图上指示出来。如杂草丛生的废墟
8. 5		空旷的	指那些长着的树木比周围少的地方。但是没有在地图上指示出来。如空旷的沼泽地
8. 6		岩石的	指地形特征物是一个岩石的区域，并没有在地图上指示出来。如岩石坑
8. 7		沙化的	指地形特征是一个沼泽化的区域，并没有在地图上指示出来。如沼泽化的山谷
8. 8		沙漠化的	指地形特征物是在一个沙漠的区域，并且没有在地图上指示出来。如沙漠化的山凸

F 检查点所在地物、地貌大小

G 点标与地物、地貌的相对位置（表 7-4）

表 7-4

索引	符号	名称	详细说明
11. 1		东北侧	凸出地面的地形特征物。如石块的东北侧；废墟的西侧
11. 2		东南边缘	(1) 陷入地面的地形特征物，检查点就放在其边缘。如洼地的东南边缘。(2) 用在有明显界线的地形特征物，检查点就放置在这些地形特征物的边界。如沼泽地的西边缘；空旷地的西北边缘
11. 3		西部	有明显界线的地形特征物，检查点就放置在这些物的中心与边缘之间。如沼泽地的西部；洼地的东南部
11. 4		东拐角内	(1) 地形特征物的边界转弯的内部角度为 45～135 度。如开阔地的东拐角内。(2) 线状地形特征物的转弯拐角。如围栏的南拐角内
11. 5		南拐角外	符号指出方位是拐角的顶端。如墙的西拐角外
11. 6		西南角	地形特征物的边缘拐角的角度小于 45 度。如沼泽地的西南角
11. 7		拐弯	表示线状地形特征物平滑地改变方向。如小路的拐弯；河流拐弯
11. 8		西北端	表示线状地形特征物的头（尾）端。如林道的东北末端；石墙的南尾端
11. 9		上部	表示的地形特征物有两条以上的等高线，而检查点就放在接近该地形特征物顶端的地方。如冲沟的上部
11. 10		下部	检查点被置于有两条以上等高线的地形特征物，接近于底部的地方。如山谷的下部
11. 11		顶部	检查点放在地形特征物的最高点的特殊位置。如陡崖的顶部
11. 12		在底下	检查点地形特征物的下面。如管道的下面
11. 13		在脚下	检查点放置于斜坡与地面的交汇处。如土垣的脚下
11. 14		东北脚下	同上面所说，但是所表示的地形特征物一般是比较大，在其周围放置了多个点。如山丘的东北脚下
11. 15	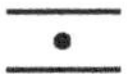	两者之间	检查点被放置于两个地形特征物之间。如两个灌木丛之间；石块与小山丘之间

注：11. 5“两者之间”在G栏使用，表示在D与E栏两个地形特征物之间。因此D和E栏这时必须给出。

例：

D	E	F	G		
			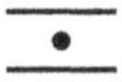	灌木丛之间	两个相似地形特征物之间
▲	●		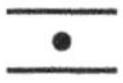	石块与土墩之间	两个不相似地形特征物之间

H 其他情况（表7-5）

表 7-5

索引	符号	名称	详细说明
12. 1		医疗站	该位置上可以找到医护人员
12. 2		饮料站	该位置上可以找到饮料
12. 3		电话	该位置上有通信设备
12. 4		工作人员	该位置上有赛会的工作人员

3. 地图比例尺内容（图7-9）

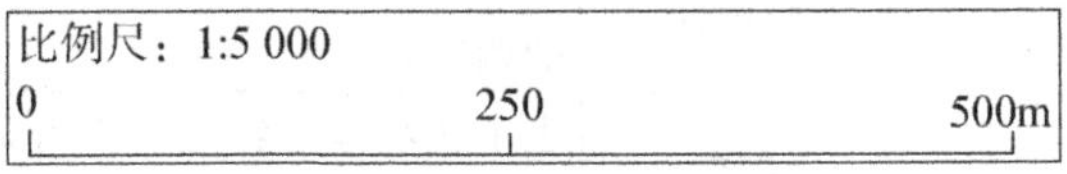

图 7-9

（1）地图比例尺定义：地图上某线段的长度与相应实地水平距离之比。

比例尺＝图上线段距离/实地水平距离

（2）比例尺特点：分子分母的单位要相同。比例尺越大，图上测量的精确度越高，反之，精确度越低。

4. 磁北线

磁北线是贯穿整个地图的，在地图上排列距离相等、平行，向北端画了小箭头指向。在实际运用时非常重要，运动员可以利用磁北线确定地图方位、标定地图、估算距离。

5. 地图内的颜色

（1）棕色表示地貌符号，包括等高线、高山、峡谷、凹地、小丘等。

（2）绿色表示浓密植被、难以通过。

（3）黄色表示开阔地。

（4）蓝色是水系符号的颜色，包括湖泊、河流、小溪、沼泽等。

（5）黑色表示坚硬的岩石、路、人造地物、不可穿越地。

（6）红色表示指北线。

（7）紫红色表示比赛线路。

二、指北针

指北针是一种用于指示方向的工具，广泛应用于各种方向判读，譬如航海、野外探险、城市道路地图阅读等领域。它也是登山探险不可或缺的工具，基本功能是利用地球磁场作用，指示北方方位，它必须配合地图寻求相对位置才能明了自己身处的位置。但是在世界一些地方，指北针也叫作指南针。

在定向越野中，通常使用拇指型指北针，这一类型的指北针具有更强的快速定位、稳定和精确的功能。指针色彩鲜艳、清晰易辨，透明的针盘使读图更容易，针盘上的记号简单易懂，可调动式松紧拇指带与橡胶护垫使指北针在掌中更安全易拿。也有挂绳指北针，用绳索代替了指圈（图 7-10）。

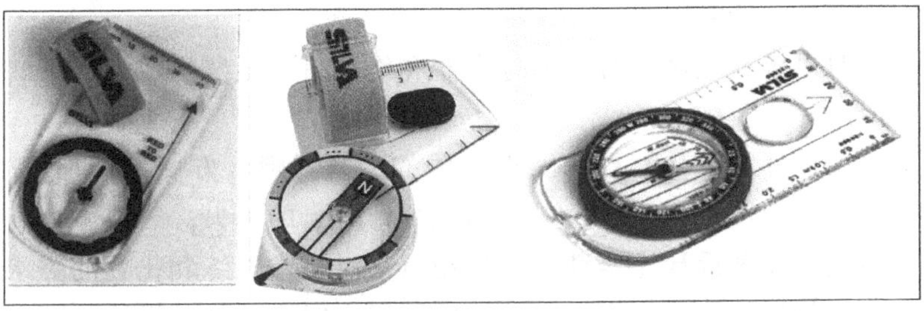

图 7-10

三、检查点点标旗

散布在各地的检查点要用统一制式的点标旗在实地进行标定。运动员利用地图和指北针寻找到点标旗，点标旗摆放点应该和地图所述高度一致。点标旗必须摆放在运动员能触及的位置，一般离地面 1 米左右。点标旗由三面正方形标志旗连接组成，每面点标旗的尺寸为 30 厘米×30 厘米，该正方形的对角线分开，左上部为白色，右下部为橙黄色。标志旗通常要编上代号，以便于选手在比赛时根据旗上的代号来判断他是否找到了正确的检查点（图 7-11）。

图 7-11

四、打卡器

打卡器是与检查点配合而起作用的，它提供给运动员一个到达位置的凭据。

（一）针孔打卡器

针孔打卡器又称机械打卡器，是用弹性较佳的塑料材料制成，一端装有钢针，每个打卡器的钢针的组合图案都不相同，运动员可在记录卡上打孔，也可直接将孔打在地图上的记录卡上。此种打卡器价格便宜，使用方便，适合于日常教学与训练以及一些小型比赛的使用（图 7-12）。

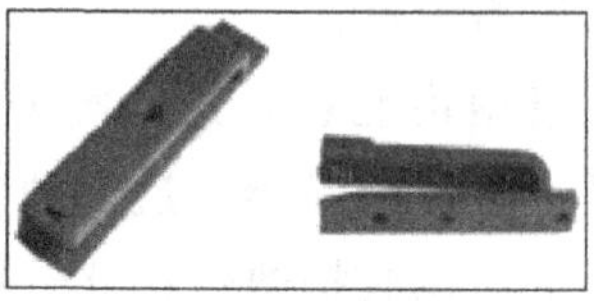

图 7-12

（二）电子打卡计时系统

电子打卡计时系统一般由计时卡、打卡器和终端打印系统组成（图 7-13）。

1. 计时卡

（1）腕式：此种外观设计，更加贴近人体的运动习惯，方便携带，减少手中物件，方便地图和指北针的使用，同时最大限度的减少计时卡的丢失。

（2）电子表式：此种设计完全满足于运动员平时日常训练和比赛的需求，对运动员在比赛中的自我时间把控可以起到一定的辅助作用。时尚的外观设计，可以满足时间计时的应用。

（3）指式：与国际流行的计时系统中的指卡相似。

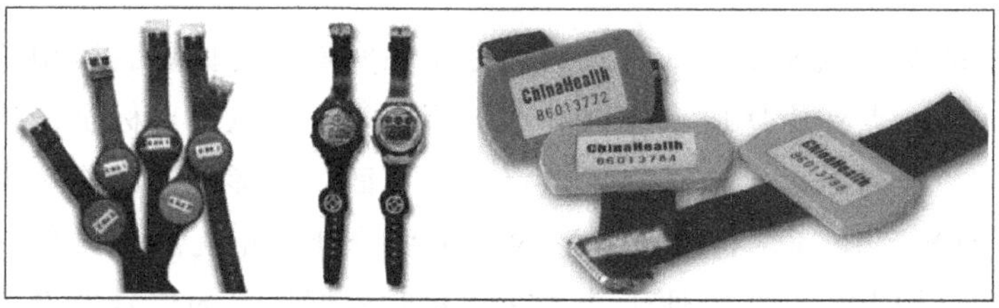

图 7-13

2. 打卡器

每个检查点上都要放置一个打卡器，上有检查点编号（图 7-14）。用计时卡靠上打卡器，待听到提示声，代表已完成此检查点。

图 7-14

3. 终端打印系统

当计时卡插入终端输出器时，读数计算器（读卡器）立即计算出总时间、到达各电台的时间及电台之间的间隔时间。打印机将比赛成绩打印在一小张热敏纸上，读卡器可存储所有计时卡数据，并连接下载到计算机（PC），用计算机迅速制作完整的带姓名、卡号的成绩排名和成绩比较（图 7-15）。

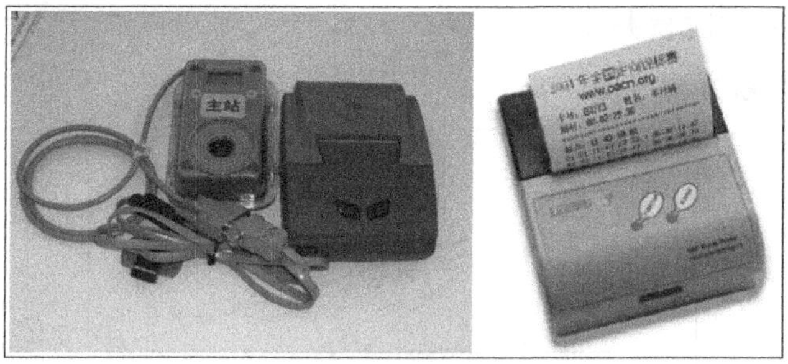

图 7-15

第三节　定向越野的基本技能与练习方法

定向越野的技能包括四个方面：野外确定方向、使用地图、利用地图行进、越野跑技术。

一、野外确定方向

（一）利用地物特征

1. 建筑物方向

（1）房子朝向：在我国农村，正屋或上房大多面向南方，住宅的大门大多面向南方。应当注意的是，在地球的北极点，向地面的任何方向都是向南；在地球的南极点，向地面的任何方向都是向北。

（2）庙宇：庙宇通常也南向设门，尤其是庙宇群中的主要殿堂。

2. 观察树木

（1）树木通常朝南的一侧枝叶茂盛，色泽鲜艳，树皮光滑，向北的一侧则相反。同时，朝北一侧的树干上可能生有青苔。

（2）观察残留树桩上的年轮判定方向。

树木的南面阳光照射比较充足，木质生长较快，形成的年轮宽些。因而，年轮较稀的一边是南方，年轮较紧密的一边是北方。

3. 观察凸出地物

通常在墙、地埂、石块等地，其向北一侧的基部较潮湿，并可能生长苔类植物。青苔喜欢阴暗潮湿的环境。石头上的青苔往往生长在北面。

4. 观察凹入地物

河流、水塘、坑等地，其向北一侧的边缘（岸、边）的情况与凸出地物相同。

5．观察积雪融化情况

丘陵上的积雪，南坡比北坡融化得快些。沟里的积雪，朝南的一面比朝北的一面融化得快些。

（二）利用太阳与时表判定

1．利用太阳判断方向（图 7-16）

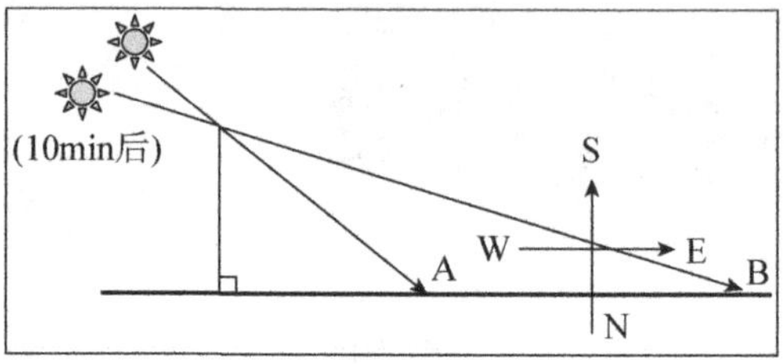

图 7-16

中国大部分地区在北回归线以北，正午太阳位于天顶偏向南方，对着太阳，前面是南，背面是北，左面是东，右面是西。太阳东升西落，早晨起来，面向太阳，前面是东，后面是西，左面是北，右面是南；傍晚对着太阳，前面是西，背后是东，左面是南，右面是北。

2．利用手表和太阳判断方向

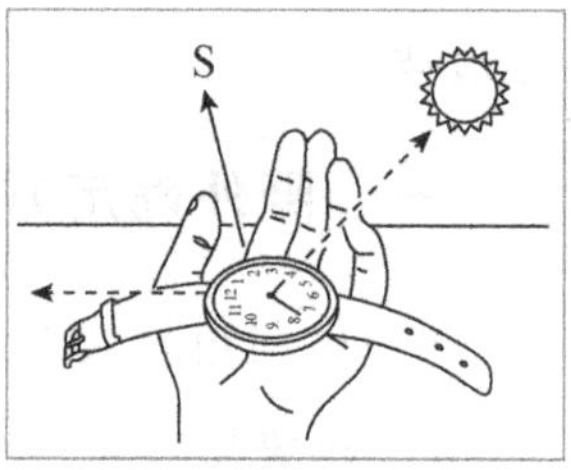

图 7-17

根据口诀"时数折半对太阳，十二指向正北方"进行判定。如果是上午 10 点，把手表刻度盘上的 5 对准太阳，下午 2 点则把手表刻度盘上的 7 对准太阳，这时，手表刻度盘上的 12 指的就是北方。上午 9 时至下午 4 时之间适用此法。需要注意的情况："时数"是按一日 24 小时而言的，例如下午 1 时，就是 13 时。在判定方向时，表应平置（表面向上）。此方法在南、北纬度 20°30″之间地区的中午前后不宜使用。除此之外，还要注意时差的问题，即要采用以标准时的经线为准，每向东 15°加 1 小时，每向西 15°减 1 小时的方法将标准时间换算为当地时间（图 7-17）。

（三）利用星体

1．利用北极星

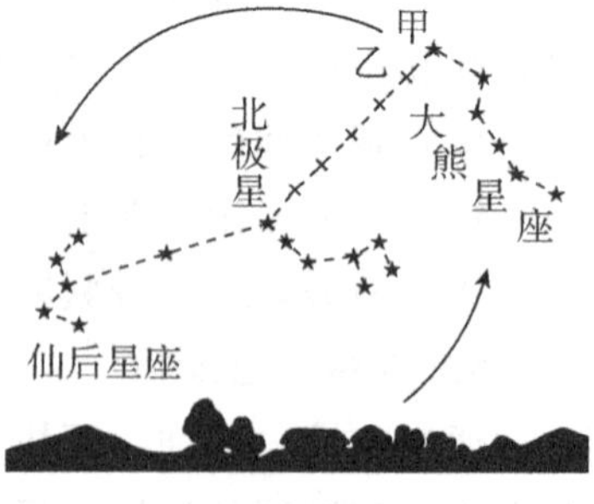

图 7-18

北极星位于正北天空，观察时，其距离地平面的高度约相当于当地的纬度。寻找时，通常要根据北斗七星（即大熊星座）或 W 星（即仙后星座）确定。北斗七星是七个比较亮的星，形状像一把勺子，将勺头甲乙两星连一直线向勺口方向延长，约为甲乙两星间隔的五倍处，有一颗略暗的星，即北极星。当地球自转，看不到北斗七星时，则可利用 W 星寻找。W 星由五颗较亮的星组成，形状像个"W"字母，向 W 字缺口方向延伸约为缺口宽度的两倍处，就是北极星（图 7-18）。

2. 利用北斗七星

北斗七星除可帮助寻找北极星以定向外，它本身也可用来指示方向。我国古代劳动人民很早以前就懂得这一点。战国时代的《鹖冠子》中说："斗柄东指，天下皆春；斗柄南指，天下皆夏；斗柄西指，天下皆秋；斗柄北指，天下皆冬。"这个法则是说，在黄昏时分通过观察北斗七星斗柄三星的指向，就可确定季节。反之，人们也可在不同季节利用斗柄的指向判定方位。一般情况下，晚上约八九点钟，春季时斗柄指向东方；夏季时，指向南方；秋季时，指向西方；冬季时，指向北方。

3. 利用南十字星

在北纬 23°30″以南的地区，夜间有时可以看到南十字星，它也可以用于辨别方向。南十字星由四颗较亮的星组成，形同"十"字。在南十字星的右下方，沿甲乙两星的连线向下延长约该两星间隔的四倍半处（无可见的星），就是正南方（图 7-19）。

4. 利用金星

金星是全天最亮的行星，呈白色，我国民间称为"太白星"或"太白金星"等，它最亮时比最亮的恒星（太阳除外）天狼星还要亮约 14 倍，在星空中格外引人注目。由于它和太阳的角距离最多只有约 48°，因此，只能出现在黎明时的东方或黄昏时的西方。金星作为晨星出现在东方时，我国称其为启明星，当作为昏星出现在西方时，称为长庚星，《诗经》中就有"东有启明、西有长庚"的说法。由于金星特亮，又只能出现在黎明时的东方或黄昏时的西方，所以极易辨认，常用来指示方向。

5. 利用杆影

晴朗的白天，高出地面的物体在阳光的照射下总会产生阴影。随着太阳在天空位置的变化，物体影子的朝向、长度也不断发生变化。在一块平坦的地面上，竖立一根直杆，在某一时刻记下直杆影子顶端的位置 A，过 10～20 分钟，再标出影子顶端的位置 B，连接 AB，则 AB 就是此地近似的东西方向线。首先标出的一点为西方，面向西方，则背后为东方、左方为南方、右方为北方。

还有一种较准确的方法。如图 7-20 所示。在午前某一时刻记下杆影顶端位置 A，以直杆和地面的交点 O 为圆心，以 OA 为半径画一圆弧，待午后某一时刻，杆影顶端恰好落在弧上时再记下位置 B，连接 AB 并取其中点 C，则 OC 即通过该地的南北方向线。CO 方向为正南，OC 方向为正北，CA 方向为正西，CB 方向为正东。

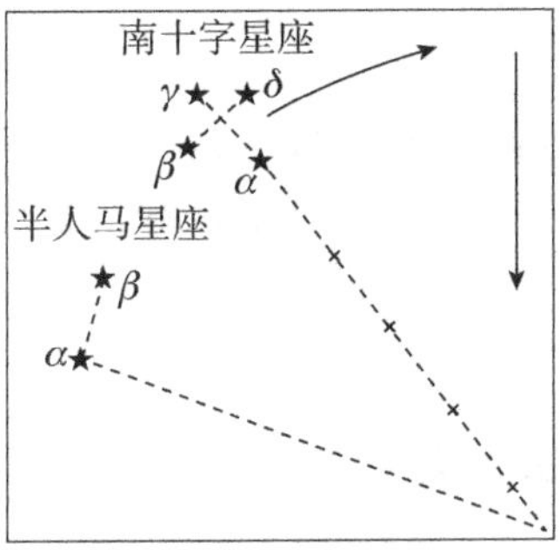

图 7-19

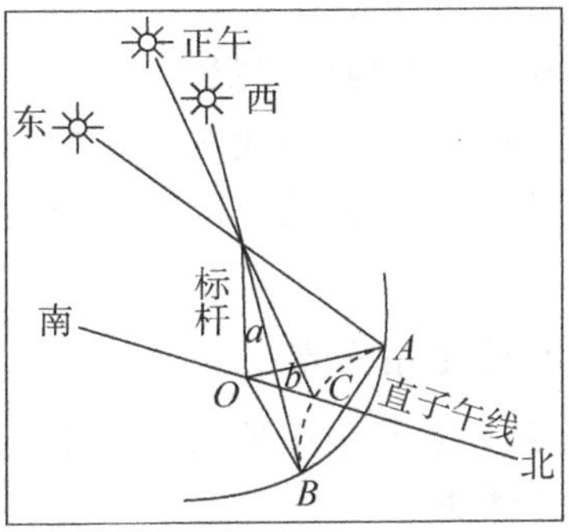

图 7-20

（四）利用指北针

当指北针的磁针静止后，其N端（通常都有标志）所指的方向即为北方。使用指北针时，尽量保持指北针水平；不要距离铁、磁性物质太近；看清楚指针标识，不要错将磁针的S端当作北方，造成180度的方向误判。

二、使用地图

识图，并使用地图指导行进是定向越野最基本的能力。

（一）标定地图

标定地图就是使地图的方位和现地方位一致，地图的方位是上北下南左西右东。

1．用指北针标定

利用指北针标定地图时，把指北针的长边平行于地图磁北线，通过转动地图使指北针的红指针和地图上的磁北线重合，地图就标定好了，这个方法也是俗称的“北对北”（图7-21）。

2．概略标定

在已知实地方向的情况下，把地图的北对准实地的北，地图就标定好了。

3．利用长直地物标定

当站在长直地物附近时，例如公路、河渠等地，可先在图上找到这段地物符号，将图平放转动，并对照两侧的地形，使图上的图示和现地长直地物方向一致，地图即标定好了（图7-22）。

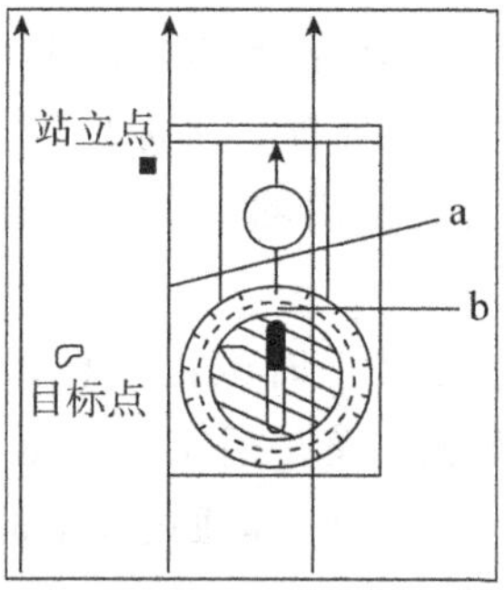

图7-21

图7-22

4．利用显著地形标定

在实地找出一个和地图上地物符号相应的明显地物，如大栋的房子、高塔、桥梁等，然后转动地图使图上的站立点至目标的连线与现地的站立点至目标的连线相重合（图7-23）。

（二）确定站立点

确定站立点是使用地图的关键，主要方法有目估法和交会法。

1．目估法

（1）如果站在明显地形点上时，从地图中找到该地形的符号，即可确定站立点。

(2) 如果站在明显地形点附近时，先标定地图，再根据周围地形的明显点与站立点关系相应位置确定自己的站立点（图 7-24）。

图 7-23

图 7-24

2. 交会法

当站立点附近无明显的地形点时，可用交会法确定。按不同的情况，可以分为截线法、连线法、后方交会法、磁方位角法。

(1) 截线法

截线法又称 90 度法。现地位于线状地形时，在与运动方向垂直的方位如果能够找到明显的标志物，找到地图上该标志物的延长线和线状地形符号的交会点就是站立点（图 7-25）。

(2) 连线法

如现地有两个明显地形点和站立点正好在一条直线上时，不用标定地图，在地图上，通过两个相应的地形符号绘一方向线与线状地物相交，其交点即为站立点在图上的位置（图 7-26）。

图 7-25

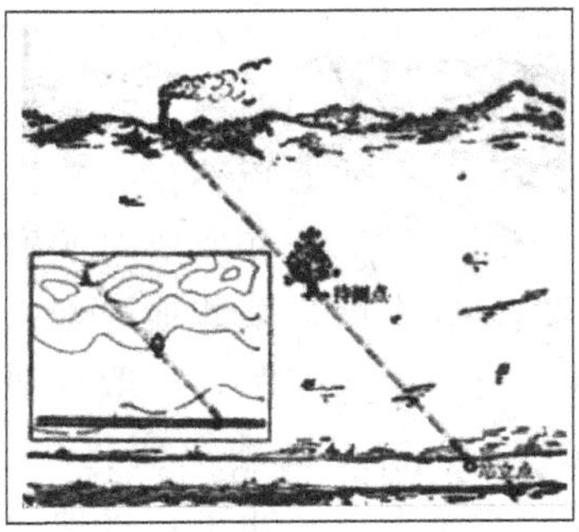

图 7-26

(3) 后方交会法

当站立点附近无明显地形点，而在远方能看到现地与图上都有的两个明显地形点时，可采用后方交会法确立站立点的图上位置。先标定地图，选择图上和现地都有的两个明显地形点，分别各自做一条连线，两条连线的交会处就是站立点（图 7-27）。

(4) 磁方位角法

在丛林地区使用地图，四周不能通视，可利用附近的大树等，采用磁方位角交会法确定。

首先，先攀登到便于向远方通视的大树上，选定图上和现地都有的远方两个明显地形点，用指北针分别测出至该两个地形点的磁方位角。

然后在树下近旁标定地图，将指北针的直尺边分别切于图上被照准的两个地形点上，转动指北针，使磁针北端指向所测相应的磁方位角分划，并描画方向线，两方向线的交点，就是站立点的图上位置（图 7-28）。

图 7-27

图 7-28

（三）现地与地图重合

标定地图和确定站立点后，就可将地图与现地地形进行对照。通常采用目测法，先对照特殊明显的地形，后对照一般的地形，再由近及远，由点到线，或逐段分片地进行对照。

对照平原的地形时，可先对照主要的道路、河流、居民地和高大突出的建筑物，再根据地物分布规律和关系位置，逐点分片地进行对照。

对照山地和丘陵地的地形时，可根据地貌形态、山脊走向，先对照明显的山顶、山脊，然后顺着山脊、山背、山脚和山谷的方向进行对照。此外，还可以根据远近山岭的颜色、植被、道路、地物分布等特征和地形间的关系位置进行对照。

在山丘丛林地，由于通视不良，对照地形时，应尽量选择在地势较高的地形点或攀登到便于通视的大树上进行对照。对照过程中还应勤走动，多查附近的地形特征，并根据关系位置，准确地判明图上和现地的地形。

如果地形复杂或通视不良时，应变换对照位置。某些目标不易判定时，可用指北针的直尺切于图上站立点和所要对照的目标，依方向和距离判定该目标的具体位置。

由于建设的发展，某些地区地形变化很快，而地形图的测制是跟不上时间变化的，同现地地形有一定的差距。一般规律是：地物变化大，地貌变化小；交通枢纽和工矿区地形变化大，偏僻地区地形变化小；城镇、大村变化大，深山小村变化小；公路、桥梁、水库、水渠增多，庙宇、坟地减少等等。在现地对照地形，还应根据现地地形的变化规律，仔细分析，找出哪些是变化的地形，哪些是没变化的地形，从而得出正确的结论。

三、利用地图行进

（一）按地图行进

按地图行进是定向越野的基本运动形式，也是一项最基本的技能。在奔跑途中，应首先了解前方要通过的方位物，边跑边对照地形。在经过每个岔路口、转弯点、居民地进出口时，应快捷准确地对照地形，随时了解自己在图上的位置。

1. 拇指辅行法

在运动过程中，不断转动地图，使地图与现地方向一致，并且手指压在站立点上。做到："人在地上走，指在图上移"（图 7-29）。

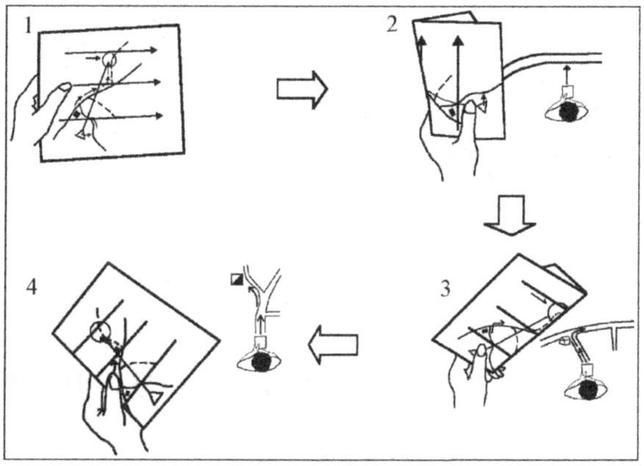

图 7-29

（1）明确站立点、比赛路线、目标点。

（2）转动地图，使地图与现地方向一致，并将左手拇指压于站立点一侧上，先上大路。

（3）到大路后转动地图，移动拇指（沿大路跑，看到路旁小屋后向右转）。

（4）再转动地图，移动拇指（沿大路跑，经过右侧路口后在下一路口左转弯，可直达目标点）。

2. 沿地形地貌行进

线形地貌如河流、栅栏、小路、围墙等；明显地物如房屋、独立树、石碑以及等高线等都是很好的参照物，可以提供安全、快捷的路线。其方法是按所跑路线的顺序，分段、连续或一次性地记住前进方向上经过的地形点、两侧的特征物等等内容。使现地的情景能够不断地与记忆内容"迭影"、印证，做到："人在地上跑，心在图上移"。

（1）借线法行进

利用线状地形，如道路、围栏、高压线等作为行进的"导引"。由于沿着线状地形行走犹如扶着楼梯的栏杆行走，因此，有人称此方法为"扶手法"。先从某线状地形到另一线状地形下，再沿那个地形找点（图 7-30）。

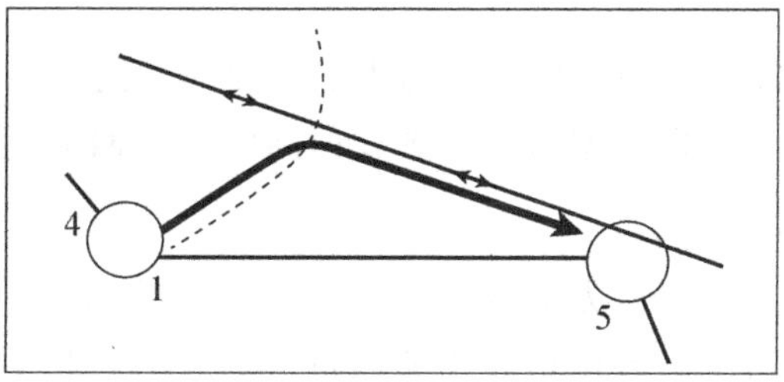

图 7-30

（2）借点法行进

借点法行进就是利用明显的地物地貌点来控制运动方向。当检查点附近有高大、明显的参照物时可采用此方法（图 7-31）。

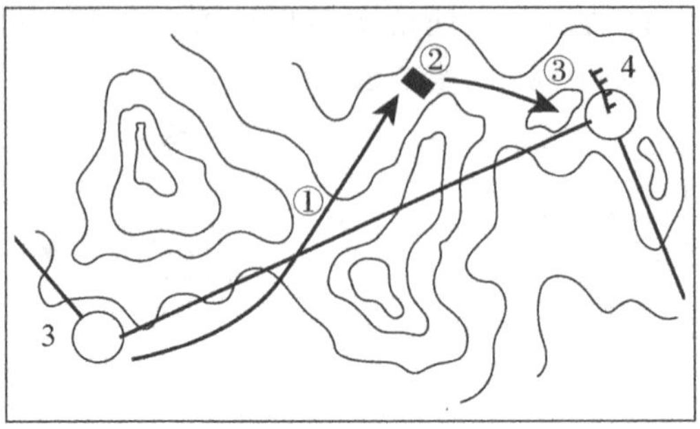

图 7-31

（3）水平位移法行进

当站立点与检查点在同一高度上时，可沿等高线行进，但要确定站立点与检查点之间是否可通行（图 7-32）。

（4）提前绕行法行进

在检查点之间有较大的障碍时，可提前选择最佳路线。例如，在检查点间有山时，如果按照直线穿行会增加爬高量，所以需要绕行（图 7-33）。

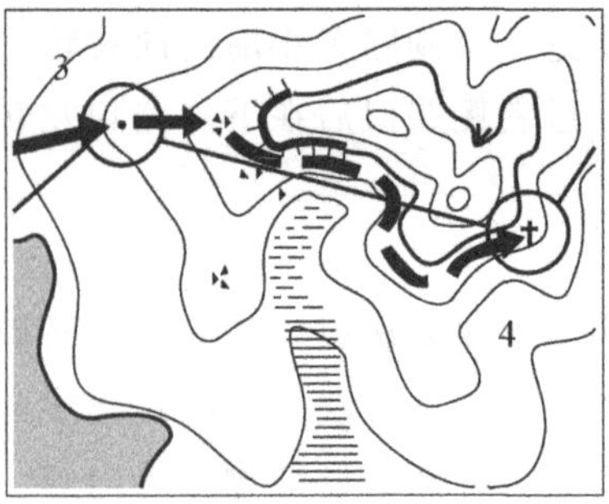

图 7-32

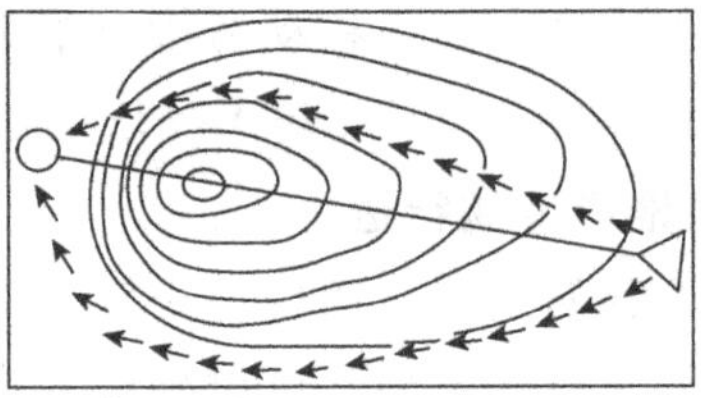

图 7-33

3. 行进时注意事项

（1）在经过岔路口、道路转弯点、居民地进出口时，应对照地形。

（2）在遇到现地地形变化与地图不一致时，应仔细对照全貌，分析地形的变化和位置关系，然后准确地判定站立点的位置和行进方向。做到有疑不走、有矛盾不走、方向不明不走。

（3）当发现走错了路时，应立即对照地形。回忆所走过的路，判明从什么地方走错的，偏离原定路线有多远，再根据情况另选迂回路线或返回继续前进。

（二）按磁方位角行进

磁方位角是指从某点的磁北方向线起，依顺时针方向到目标方向线间的水平夹角。使用指北针，依图上量得的磁方位角和距离而行进的方法，叫作按磁方位角行进。它是按图行进的一种辅助方法，常用于缺少方位物的地形上，或不良天气条件下的行进中。

（1）将指北针直尺边切于目标方向线，指北针上的方向尖头指向你所要到达的位置。

(2) 把指北针和地图作为一个整体，水平放置在你面前，转动你的身体，使指北针上的红色指针的指向与地图所示的磁北线方向一致。

(3) 指北针上尖头所指的方向即为所要前进的方向。

四、越野跑技术

定向越野中，除了找检查点，其余的时间都是在为到达下一个检查点而奔跑，所以越野跑成绩的好坏直接影响最后成绩。定向越野中的跑动和田径竞赛中的跑动有所不同。

(一) 越野跑的特点

定向越野的越野跑实际上是一种长距离的间歇式跑。因为要识图和找点并且运动环境是野外，在跑动环境不平坦不规则的情况下会出现走跑结合甚至停止再跑的情况。这种在野外环境中的跑动可以使肌肉的紧张与放松、身体的负荷与精神的专注不断地交替进行。在这种情况下，奔跑者的呼吸与心血管系统都得到较大的锻炼。

(二) 越野跑的基本要求

1. 跑步姿势

采用微倾或正直的身体姿势，使身体各部分动作协调配合，并且善于利用跑中产生的支撑反作用力与惯性不断前进使身体保持平稳，提高跑的效果。

2. 呼吸方法

利用鼻子与半张的嘴共同呼吸。野外风大且有尘土，要学会用舌尖舔上颚的呼吸方式。呼吸时要平稳有节奏，出现极点现象时，注意及时调整呼吸的频率和深度。

3. 体力分配

按选择的路段，或按比赛的阶段，或自己的身体状况来分配体力。通过肌肉工作阶段和休息阶段适时交替的方法，达到既跑得快又省力。

4. 跑动速度

一般来说不宜过快。在不需要变速的情况下，尽可能地用匀速，因为变速跑比匀速跑的运动强度要大得多，而且跑动速度过快影响读图、处理检查点相关信息和选择最佳的路线等需要动脑思考的环节。

5. 行进节奏

人感受的最适宜行进节奏是每分钟 70～90 步。过快的节奏不易感受，太慢则会起抑制作用。有节奏的动作不仅能减少体能的消耗，而且能达到最适当的动作协调。

6. 距离感

在越野跑中保持一定的距离感既能帮助提高找点的速度，也有利于体力的分配。

7. 间歇方式

在必要情况需要减速的时候，最好采取放松性慢跑，特殊情况下，例如迷路，可以行走或是停住。

（三）不同地形越野跑技术

1. 沿道路跑

采用基本与中长跑相同的技术，尽量选择路面平坦的地方跑。

2. 在草地上跑

用全脚掌着地，同时注意地面是否有坑洼或石头。

3. 上坡跑

上坡跑时，身体上身要向前倾，大腿高抬，用前脚掌着地，小步跑上去。如果坡度很陡，不要直线上，采用Z字形跑动路线上坡。

4. 下坡跑

下坡时，身体上身要向后倾，以脚跟部过渡全脚掌着地的方法跑动。如果坡度很陡，身体转成侧对前方，用侧脚掌着地的方式跑。快到坡底和平坦路面交会处时，要学会借助身体惯性，及时加速，避免摔跤，待踏上平路时立即减速成匀速跑的状态。

5. 从高处往下

从稍微高的地方往下时可以采用跨步跳的动作，踏在高处的腿必须弯曲，另一条腿则向前下方伸出，跳下时两脚着地并以深屈膝来缓冲下降的冲击力，同时，在落地瞬间，两脚应稍微前后分开，既方便顺利衔接跑动姿势。

从很高的地方往下时，应该设法降低下跳的高差，根据情况采用坐地双手撑跳下或者侧身单手撑跳下的方法，落地时要注意缓冲。

6. 在林间跑

要注意不要被树枝、带刺的藤蔓等物刮伤，如果和前面通行的人距离较近时，要防止树枝回弹伤到自己，此时可用手护住脸部，眼睛向下看。

7. 遇可穿过沟渠、壕坑、矮灌木时

增加跑动速度，借用惯性大步跨跳或跳远的方式而过，在落地的同时上体微前倾，既方便保护腰部，也方便衔接接下来的跑动。

8. 通过狭窄悬空障碍物时

为了增加稳定性，采取外八字脚跑法。如果障碍物较长，应该减速，平稳过去。

第四节　定向越野运动的基本战术

定向越野的基本战术是指运动员在定向越野比赛中根据比赛规则、特点以及定向运动的规律采取的策略和行动。使自己的技能、体能、智力、心理在比赛时达到最佳状态。

一、开始路段

开始路段的战术主要指比赛路线中由起点开始第一、二个路段运用的战术。

（一）出发前

拿到地图后快速阅读，了解比赛路线情况，判断第一点的方向。通常出发和终点位置一致或相近，因此在比赛出发前可以留意同组中出发较早的队员奔跑方向。如果前几位跑的方向相同，拿图后可以按照相同的方向跑，边跑边读图。如果方向不同，代表第一个检查点有几种路线可以行进，这时不应太快出发，要认真读图选择最佳路线。

在寻找一个点标前，应该先查看检查点的代码和地物，找到检查点后查看该点的说明，以确认是否正确。当检查点设置在点状或面状特征旁时，一般只需要了解检查点代码和检查点特征，不需要看其他内容。

（二）起点到第 1、2 个检查点

控制跑动速度，顺利找到 1 号点标，建立信心。开始路段的发挥直接影响比赛情绪，这段不需太快，保证顺利找准检查点即可。

二、中间路段

中间路段的战术主要指从比赛路线上第二个路段后开始到最后一两个路段前所应用的战术。

（一）寻找检查点战术

从攻击点到检查点的过程，特别是由攻击点到检查点的距离较远时要特别小心。当自己在途中发现有更好的攻击点时，不必再去找原计划的攻击点。在偏离前进方向，可找到一个较好的攻击点时，就应该改变计划。对于从攻击点到检查点需要穿越复杂地带的情况下，可首先标定前进方向，判定距离，然后通过慢跑或使用步测技术小心接近点标。如果距离较远，可通过分段步测方法前进。找到每个细小特征，减小误差。

（二）控制奔跑速度的技术

“红绿灯”战术，即利用概略定向和精确定向战术对比赛的过程中的体能和智力进行合理分配。把一个路段分为三段，就像在街口遇到红绿灯一样，首先是绿灯赛段，主要使用概略定向技术发挥体能，尽量快地接近攻击点。其次是黄灯赛段，当快接近攻击点时，适当降低奔跑速度，提高注意力，以保证顺利找到攻击点。最后是红灯赛段，应仔细分辨检查点附近的地形细节，以保证顺利找到该点，速度也应该是此路段最慢的。此外，如果中间路段有坡，在下坡时应注意速度，避免跑过检查点。

（三）绿色地带穿越技术

在绕路过远，选择穿越浓密林地的初衷是节省比赛时间时，如果出现错误反而会浪费比赛时间。因此，穿越此类地带必须是在非常有把握的情况下才能选择。做出穿越决定时不但要通过地图仔细分析实地情况，还要考虑地图质量。通常绿色区域在地图上的精确性和准确性相对较低。穿越绿色地带时，要注意观察等高线，原则上只有在坡度不大的下坡路段才可以应用穿越战术，上坡路段不适用。

三、结束路段

结束路段的战术主要指在整个比赛路线中，靠近终点的一两个路段所应用的战术。由于比赛将完成，当参赛队员到达最后1、2个点时，往往能听见终点的声音，这种声音对体力脑力严重消耗，并对迫切想要完成比赛的运动员来说很容易导致其注意力的下降而出错导致严重后果。因此，在最后阶段，应该把注意力集中到找点技术上，并且要提醒自己小心谨慎。

>>>知识视窗

定向越野发展史

19世纪末20世纪初，在欧洲北部斯堪的纳维亚半岛广阔而崎岖不平的土地上覆盖着一望无际的森林，散布着无数的湖泊。城镇、村庄稀疏散落，人们的交通主要是依靠那些隐现在林中湖畔弯弯曲曲的小路。

在这样的地理环境中生活，理所当然地要比别的地方更需要地图和指北针，否则，要想穿越那茫茫林海是十分困难的。正因为如此，那些最常在斯堪的纳维亚半岛山林中行动的人们——军队，便成了开展定向运动的先驱。他们深知，如果不具备在山林地辨别方向、选择道路和越野行进的能力，就不能完成保卫国家的重任。

1918年，瑞典一位名叫吉兰特（MaijOr Ernst Killander）的童子军领袖组织了一次叫作“寻宝游戏”的活动，引起参加者的极大兴趣，这便是定向运动的雏形。

由于这个活动的组织方法简单，不仅对提高野外判定方向的能力及学习使用地图有好处，还能够培养和锻炼人的勇敢顽强精神，提高人的智力、体力水平。开展定向运动不需要像其他体育项目那样在场地与器材上支付大量经费，娱乐性与实用性兼备，因此日益受到军队的重视，并且很快在民间流传开来。

定向越野世界主要赛事如下：

（1）O-Ringen：瑞典五日。世界最大规模的定向运动赛事，每年吸引世界各国15000名男女老少定向运动员。

（2）世界定向越野锦标赛；世界滑雪定向锦标赛。

（3）定向越野世界杯赛；滑雪定向世界杯赛。

（4）世界青年定向越野锦标赛；世界青年滑雪定向锦标赛。

（5）世界老年定向越野锦标赛；世界老年滑雪定向锦标赛。

参考文献

[1] 刘强，杨欢，姜伟成. 新编体育教程 [M]. 大连：大连理工大学出版社，2010.

[2] 薛晓媛，崔岩. 大学体育 [M]. 北京：中国水利水电出版社，2010.

[3] 葛辉，王林. 大学体育与健康教程 [M]. 北京：中国电力出版社，2011.

[4] 李鸿江. 田径 [M]. 北京：高等教育出版社，2008.

[5] 季浏. 体育与健康 [M]. 上海：华东师范大学出版社，2001.

[6] 高等学校教材编写组. 体育与健康理论教程 [M]. 北京：高等教育出版社，2001.

[7] 宋金印. 体育健身教程 [M]. 太原：山西科学技术出版社，2001.

[8] 王瑞元. 运动生理学 [M]. 北京：人民体育出版社，2002.

[9] 沈达政，王华军. 大学体育与健康教程 [M]. 北京：科学出版社，2011.